OS OLÍMPICOS

DEUSES E JOGOS GREGOS

Lauret Godoy

OS OLÍMPICOS
Deuses e Jogos Gregos

Participação Especial de
Orson Peter Carrara

Pesquisador, escritor, editor, articulista e
palestrante sobre temas filosóficos e humanitários.

educação e cidadania

editora meca

1ª edição
SÃO PAULO
2012

Editor
Cosmo Juvela

Diretor editorial
Marcos Juvela

Coordenação editorial
Daniela Costa

Revisão
Luiz Roberto S. Seabra Malta

Projeto gráfico e capa
Antonio Kehl

Dados Internacionais de Catalogação na Publicação (CIP)
(Câmara Brasileira do Livro, SP, Brasil)

Godoy, Lauret
    Os olímpicos : deuses e jogos gregos / Lauret Godoy ; participação especial de Orson Peter Carrara. -- São Paulo : Meca, 2012.

    Bibliografia.

    1. Civilização grega 2. Deuses gregos 3. Esportes - Grécia - História - Antiguidade 4. Grécia Antiga - História 5. Jogos olímpicos - Grécia Antiga I. Carrara, Orson Peter. II. Título.

12-08181   CDD-796.480938

Índices para catálogo sistemático:
1. Grécia Antiga : Jogos olímpicos 796.480938
2. Jogos olímpicos : Grécia Antiga 796.480938

Editora Meca Ltda.
Rua Araújo, 81 - Vila Buarque - São Paulo - SP
Tel.: (11) 3259-9034 - 3259-9049 - 3257-0312 - 3257-5346
meca@editorameca.com.br - www.editorameca.com.br

SUMÁRIO

Universo Mítico – Origem dos Gregos – Povoação da Grécia – Os Leões de Micenas – Poéticos Aedos – Necessidade de Defesa – Período Arcaico – A Batalha de Maratona – Jônios e Dórios – Atenas, Cidade Divina – Esparta, Cidade sem Muralhas

Prática Esportiva – Responsáveis Pelas Atividades – Dinastias Divinas – Olímpicos, os Superiores – Jogos Públicos – Jogos Fúnebres – A Oliveira Sagrada – Jogos Píticos – Jogos Nemeus – Jogos Ístmicos – Panateneias – Jogos Heranos

Jogos Olímpicos – Origem e Versões – A Trégua Sagrada – O Primeiro Registro – Um Caçador Apaixonado – A Sede Permanente – Edificações Esportivas – Outras Construções – A Busca da Paz

AGRADECIMENTOS

O maior agradecimento é para DEUS, amigo fiel e compreensivo que, ao longo do tempo, guiou meus passos, governou minhas ações, orientou minhas buscas, socorreu minhas necessidades, honrou-me com Suas bênçãos e transformou alguns dos meus sonhos em realidade.

Com amor e especial carinho a Luiz de Godoy, meu pai, paradigma de honradez, dignidade, amor à verdade, ao trabalho e meu mestre na arte de viver. Com ele aprendi que "é mais importante estar de pé, no plano, que encolhida no alto de uma montanha".

A Biaggio Mazzeo, alma de artista e coração de amigo, por ter, com sua arte, valorizado esta publicação.

In Memoriam

Por ter apoiado minhas pesquisas e prestigiado meu trabalho, rendo homenagem especial ao Major Sylvio de Magalhães Padilha, Presidente de Honra do Comitê Olímpico Brasileiro, carro-chefe do esporte amador no Brasil, pela ética, zelo e competência que demonstrou no esporte de competição e na administração esportiva nacional e internacional.

Com respeito e admiração a Cyro del Nero, mestre em Cenografia, aplaudido internacionalmente, e o mais entusiasmado helenista que tive o prazer de conhecer.

UM RAMO DE OLIVEIRA

Num momento em que o esporte enfrenta uma crise de valores, nada mais importante do que a publicação desta obra de Lauret Godoy. É chegado o momento de retornar à história da antiga Grécia para evidenciar como a defesa dos valores éticos de um evento como os Jogos Olímpicos pôde preservá-lo por mais de um milênio.

Num livro que é um verdadeiro "who's who" da civilização helênica, a autora mostra como a atividade física era tão importante que se mesclava ao sagrado e aos deuses e tornou-se tesouro cultural do povo mais desenvolvido de toda a Antiguidade.

Foi um labor estafante o pinçar em alguns milênios todos os acontecimentos referentes aos Jogos Olímpicos e outras competições que completavam o calendário de eventos que cobriam toda a Hélade.

Seria importante que a juventude de todo o mundo lesse e relesse livros como este. O suborno, certamente, diminuiria, o profissionalismo não seria a meta principal do atleta e as competições ganhariam em dignidade.

Ele conta a história de um esporte que teve a força de paralisar até as guerras.

Cumprimentamos a autora e seus colaboradores pelo trabalho desenvolvido. Um livro que coloca na fronte de quem o redigiu o ramo de oliveira que representa a coroação do amor ao esporte, iniciado nas pistas de atletismo de Santos, sua terra natal.

Henrique Nicolini
Jornalista, escritor e Membro de Honra
do Panathlon Internacional

APRESENTAÇÃO

Os *Olímpicos – Deuses e Jogos Gregos* é um texto ímpar, para colocar no pódio de nossa literatura esportiva, trazendo aos leitores não apenas uma visão privilegiada dos Jogos Olímpicos da Antiguidade, mas de toda a civilização helênica, dissecada pela lente de uma alma legitimamente olímpica.

Conhecer a história antiga dos Jogos Olímpicos é uma tarefa aqui tornada fácil aos leitores em geral, de todas as faixas etárias. Em suas linhas, surge uma Grécia ora mitológica, ora real, com uma Olímpia, berço dos Jogos, traço de união de homens e deuses, linhas ligadas pela fluência de um texto acessível a todos, mais que agradável, simplesmente adorável.

A Filatelia, arte e ciência auxiliar da história, escolhida para ilustrar o livro, foi uma escolha particularmente feliz. Os selos retratam imagens originais para a grande maioria dos leitores, imagens estas escolhidas e consagradas pelos correios de todo o mundo, que as elegeram para seus selos postais, explicitando a universalidade do tema olímpico.

Os Olímpicos – Deuses e Jogos Gregos apresenta-se com um texto leve, mas ao mesmo tempo profundo e instigante, uma poesia concreta que nos faz refletir, de imediato, sobre este estranho tempo em que vivemos, no qual se falar de espíritos e ideais olímpicos parece algo anacrônico, barroco e até mesmo bizarro, mas é fundamental e imprescindível para os verdadeiros amantes do esporte e das boas causas.

Para atletas e dirigentes, a leitura é obrigatória, não apenas para conhecer este período histórico, mas, para conhecer seus exemplos, para balizar e nortear seus atuais caminhos, pois ambos têm o dever de imitá-los, para a continuidade do ideal olímpico que sobreviveu a tudo e a todos, por quase dois milênios, até ser restaurado.

A chama olímpica não brilha apenas por alguns dias a cada quatro anos, brilha sempre, continuamente, nos trabalhos e ações olímpicas realizadas por idealistas nos quatro cantos do mundo, como neste livro, que fulgura em meio a estas obras.

O texto da professora Lauret Godoy, com seu inconfundível estilo, de longe a melhor pena olímpica do país, é uma leitura obrigatória a todos e um exemplo para os acadêmicos olímpicos, de como escrever sobre olimpismo, com estilo, com reverência, com alma, com amor, despido de vãos e artificiais formalismos acadêmicos. Feliz do país que pode ter alguém assim.

Os Olímpicos – Deuses e Jogos Gregos é um livro diferenciado, que já vem com uma coroa de ramos de oliveira, pois contém algo que poucos, apenas os verdadeiros olímpicos possuem: espírito olímpico, aqui materializado para deleite dos leitores.

Geraldo de Andrade Ribeiro Jr.
Engenheiro, escritor, presidente da Associação Brasileira
de Filatelia Temática e pesquisador olímpico.

PALAVRAS DA AUTORA

Certo dia, enquanto relia *Os Jogos Olímpicos na Grécia Antiga*, fiquei imaginando como poderiam ter sido as experiências vivenciadas pelos jovens gregos. Voltei no tempo, entrei no Ginásio de Atenas e fiquei encantada com a beleza e tranquilidade do lugar.

Caminhei pelo bosque, meditei à beira do rio, ouvi conferências, aplaudi poetas, pratiquei esportes, recebi massagens, participei de treinamentos, conversei com filósofos e escritores.

Isso me contagiou de tal maneira, que decidi ir a Olímpia, para assistir aos Jogos Olímpicos. Andei de barco, percorri trilhas e estradas e cheguei à cidade sagrada. Fiquei encantada com o que presenciei. Tudo era perfeito: disciplina, acomodações, a organização, o respeito, a pompa, as solenidades, a religiosidade, as competições. Porém, inesquecível mesmo foi o banquete oferecido para honrar os campeões e assinalar o encerramento da jornada olímpica.

Ainda hoje, quando vejo a Lua Cheia brilhando no céu, lembro-me das palavras de Píndaro:

Quando, ao anoitecer, a formosa Selene envia sua bela luz, durante todo o banquete todo o bosque ressoa com as notas do canto vitorioso.

Essas sensações me envolveram de tal forma que, ao retornar à realidade, decidi limitar e reformular o texto do primeiro livro. Mantive minha atenção fixada apenas na Grécia. Ampliei as informações sobre a civilização helênica e dimensionei a divulgação de mitos. Embora pareçam estranhos, fantásticos e fora de época, eles representam o imaginário de um povo que marcou época, indicou caminhos e se preocupou, principalmente, com o enriquecimento espiritual dos jovens.

Outras inserções foram feitas. Em alguns trechos utilizei citações bíblicas, por considerá-las oportunas. Em outros momentos, ou efetuei comentários relacionados ao tema, ou estabeleci ligações da informação com fatos da atualidade. Entendi que, dessa forma, o trabalho não ficaria restrito à mera descrição histórica de uma época.

Para comentar virtudes contei com a preciosa ajuda de Orson Peter Carrara, palestrante que aborda temas análogos com muita sabedoria e propriedade.

As imagens foram garimpadas no artístico universo dos selos, peças que após a emissão e circulação, espalharam-se pelo mundo em correspondências, publicações e revistas. Para selecioná-las, recorri ao Geraldo de Andrade Ribeiro Júnior, colecionador e especialista em filatelia olímpica. Ao escolher essas ilustrações, rendo homenagens às diversas empresas de Correios que, com suas emissões filatélicas, ajudam a divulgar o movimento esportivo internacional que foi reinstituído com o objetivo de promover a fraternidade entre os homens.

Fui honrada também com o prefácio do professor Henrique Nicolini, homem de projeção no esporte internacional, escritor e profundo conhecedor do movimento olímpico.

Meu desejo foi conceder um toque moderno e variado na antiga, bonita, multifacetada e esportiva história que a Grécia legou à Humanidade.

São Paulo, novembro de 2011
Lauret Godoy

UNIVERSO MÍTICO
AS FANTÁSTICAS CONCEPÇÕES

A Grécia é um país da Europa meridional, onde mar e montanhas se encontram, para formar um cenário especial. As paisagens são marcadas por contrastes de cores entre o azul do céu e do mar intermediário, paredes montanhosas e vegetação de diversas tonalidades.

A situação geográfica e o relevo interior foram motivos determinantes da sua evolução histórica. As montanhas dividem o país em pequenos distritos e o maior contato é marítimo, pois os vales curtos dificultam a comunicação por terra. Se as barreiras naturais que cortam o país dificultaram uma fixação expressiva do homem no interior, os grandes mares representaram fonte de alimento e favoreceram a expansão.

Próxima da África e da Ásia, a localização privilegiada foi um dos patrimônios da Grécia Antiga. As ilhas egeias facilitaram o contato com povos mais evoluídos, proporcionando permanente intercâmbio, que contribuiu para a construção de uma civilização com características inigualáveis. Dos sumérios, egípcios, fenícios e babilônios, os gregos herdaram informações e narrativas, que influenciaram a elaboração de vasto universo mítico, repleto de fantásticas concepções.

ROMANOS, 14:19 – *"Assim, pois, seguimos as coisas da paz e também as da edificação de uns para com os outros (...)".*

A CRIAÇÃO DO MUNDO – Os mitos representam a história do sobrenatural, retratam as crenças humanas e são antigos, tanto quanto os homens. A necessidade de "explicar a Criação" gerou as diversas mitologias, inclusive a grega. A criação do mundo precisava ser compreendida de alguma forma. Afinal, céu, mares, dia, noite, Sol, Lua, eram evidências. Como teriam surgido? Das respostas a essas perguntas nasceram os mitos.

De início, ao que parece, eles simplesmente existiam e eram transmitidos de geração em geração. Sofriam influência de quem os contava, daí a existência de várias versões para o mesmo mito. Mas, em vez de descaracterizá-lo, essa variedade confirma que, na Grécia, a criatividade esteve colocada a serviço da razão, do concreto, do fato e, principalmente, da socialização dos indivíduos.

Com o passar do tempo, a expressão foi sendo usada para definir novas concepções e, embora a palavra "mito" tenha sido desviada parcialmente do sentido original, não perdeu o seu principal enfoque.

A RIQUEZA CULTURAL:

Em todos os tempos, o ser humano procurou, pesquisou, dedicou-se e continua buscando respostas e novos caminhos, para as evidências e os desafios que a vida apresenta. Toda a vivência humana é consequência do próprio progresso, que é inevitável. Assim também aconteceu na Grécia.

A riqueza cultural dos gregos foi-nos transmitida, graças ao cenário mágico que conseguiram criar. Abençoados pela natureza e por meio de histórias fabulosas, deuses, homens, heróis e semideuses uniram-se e fizeram emergir um mundo onde se mesclam fantasia, realidade, fé, dedicação, respeito, amor à arte, ao belo, à organização. Unidos pelo espírito olímpico, os helenos escreveram uma bela página cultural na Antiguidade Clássica.

ORIGEM DOS GREGOS
OS CRETENSES

Segundo os antigos gregos, entre 3000 e 1000 a.C., período conhecido como Idade do Bronze, os humanos não sentiam mais temor dos deuses, nem lhes rendiam cultos. Perderam a noção do respeito, entregaram-se aos vícios, maldades, crimes, guerras e faziam as próprias leis. Zeus encolerizou-se com essa degeneração de costumes e, para destruir os homens, mandou à Terra um dilúvio.

Nessa época, Deucalião, filho de Prometeu, reinava sobre a Tessália, uma região da Grécia situada ao sul do monte Olimpo. Orientado pelo pai, encerrou-se em uma arca com sua esposa Pirra, a "mais justa das mulheres". A chuva forte durou 9 dias, 9 noites e tudo ficou alagado. Os seres vivos morreram, salvando-se apenas Deucalião e Pirra, que desembarcaram no monte Parnaso, quando o dilúvio cessou.

Zeus permitiu que os sobreviventes formulassem um pedido. Eles solicitaram que lhes fossem concedidos companheiros. Por intermédio do mensageiro Hermes, o deus determinou que cobrissem os rostos e lançassem pedras atrás de si. Assim o fizeram. As pedras lançadas por Deucalião transformaram-se em homens e as lançadas por Pirra, em mulheres. A terra foi repovoada com uma nova raça e Zeus acalmou-se.

Uma versão desse mito conta que Deucalião e Pirra tiveram quatro filhos, cujos descendentes teriam originado os povos helênicos. Por isso, estes se julgavam originários da própria Grécia e descendentes de Heleno, filho de Deucalião. Daí o nome "Hélade", pelo qual também a Grécia é conhecida e o de "heleno", conferido aos seus habitantes.

Essa a origem dos gregos, de acordo com a mitologia.

MITOS E REALIDADE:

Se os mitos representavam a expressão da verdade, ou não, era o que menos importava. Afinal, aquilo em que o homem acredita torna-se, para ele, realidade. Os mitos, as lendas, as parábolas, as fábulas, os provérbios, se bem compreendidos, podem transformar-se em extraordinárias fontes transmissoras de sabedoria. A criação do mundo, por exemplo, é explicada por meio de diversas histórias, que variam de acordo com a localização geográfica, crenças, grau de evolução, usos e costumes da civilização que as adotava como reais.

Com relação ao dilúvio, para a mitologia grega havia a história de Deucalião e Pirra. Na Bíblia Sagrada, encontra-se em Gênesis – 6:13 – "Então disse Deus a Noé: o fim de toda a carne chegou perante a minha face; porque a terra está cheia de violência; e eis que os desfarei com a terra.

14 – Porque eis que trago um dilúvio de águas sobre a terra, para desfazer toda a carne em que há espírito de vida debaixo dos céus: tudo o que há na terra expirará".

POVOAÇÃO DA GRÉCIA
TRIBOS DOMINANTES

Para os historiadores, a civilização helênica iniciou-se nas ilhas do mar Egeu, principalmente em Creta. Escala obrigatória dos continentes vizinhos, a partir de 4000 a.C. Creta evoluiu lentamente. Tornou-se Estado organizado, desenvolveu técnicas avançadas, especializou-se em indústrias extrativas, artesanais e atingiu elevado nível socioeconômico-cultural, graças também ao comércio de azeite de oliva, cereais e vinho.

Assim, fundou-se no meio do mar Mediterrâneo, uma cultura que influenciou outros povos da época. Foi chamada civilização cretense, egeia, minoana ou minoica, estes últimos, por causa de Minos, nome de seus reis-sacerdotes. Os cretenses atingiram seu apogeu no século XX a.C. Teve início, então, na história política da Grécia, o "Período pré-homérico".

Nessa época, grupamentos humanos com raízes comuns e provenientes do Norte, chegaram à Europa meridional, em ondas sucessivas. Quatro tribos principais, representadas pelos aqueus, eólios, jônios e dórios, penetraram separadamente pela Península dos Bálcãs e conquistaram a Grécia. Ocuparam diferentes regiões, misturaram-se e cruzaram-se com os primitivos habitantes do local. Surgiram, então, comunidades organizadas dentro de bases mais estruturadas.

OS LEÕES DE MICENAS
A GUERRA DE TROIA

Enquanto Creta evoluía no mar, desenvolvia-se no Peloponeso outra brilhante civilização. Na região montanhosa da Argólida, em pequenos reinos isolados, vivia um povo comerciante e guerreiro, com estilo de vida econômico-social semelhante ao dos cretenses. Esses homens dominaram a Grécia continental entre 1600–1200 a.C. e foram chamados de micenianos ou micênicos por ser Micenas a maior de suas cidades.

Micenas antiga foi capital da Argólida e, na entrada principal da cidade, havia dois leões esculpidos acima do portal. É provável que tenha sido esse o símbolo da família real micênica. Para facilitar a defesa, o palácio do rei foi construído no alto de uma colina. Era amplamente fortificado e cercado por uma muralha de cinco metros de espessura.

Os micenianos progrediram, saíram do continente, lançaram-se ao mar e, em 1450 a.C. invadiram Creta. Os cretenses pouco puderam fazer, porque já estavam enfrentando um período de franca decadência.

O PRESENTE DE GREGO – Diz a tradição que, cerca de 1250 a.C., havia na Ásia Menor[1] uma cidade chamada Troia ou Ílion. Páris, príncipe troiano, esteve no Peloponeso e foi hóspede de Menelau, rei de Esparta. Lá conheceu e apaixonou-se por Helena, esposa de Menelau e considerada "a mais bela de todas as mulheres". Aproveitando-se da ausência do anfitrião, que efetuara uma viagem a Creta, Páris raptou Helena e levou-a para Troia.

Para vingar a afronta, Menelau pediu ajuda a seu irmão Agamenon, que era rei de Micenas. Os micenianos declararam guerra ao ofensor e Agamenon comandou a expedição grega contra Troia.

Os troianos resistiram às investidas durante dez anos. Após esse período, aconselhados pela deusa Atena, os gregos construíram um grande cavalo de madeira, cujo interior era oco, permitindo a acomodação de muitos guerreiros. O "presente grego" foi deixado junto às muralhas protetoras de Troia. Recolhido para dentro da cidade, os gregos saíram da barriga do cavalo durante a noite, saquearam, incendiaram e destruíram Troia.

---

[1]   Atual Turquia.

A partir de 1200 a.C., problemas climáticos na Argólida prejudicaram as colheitas e causaram grandes perdas econômicas ao povo. O mundo miceniano decaiu e desapareceu logo depois, em consequência, também, das invasões de novos conquistadores.

PRESENTE INDESEJÁVEL:
Nem todos os presentes que as pessoas recebem representam aquilo de que necessitam ou gostariam de ganhar. Alguns deles chegam a transformar-se em verdadeiros problemas, difíceis de resolver. Um presente qualquer que traga dificuldades, preocupações, perda de tempo, dinheiro e seja motivo de estresse, por exemplo, poderá ser considerado um verdadeiro presente de grego.
É a ação da história grega, provocando associação de ideias e enriquecendo o vocabulário.

POÉTICOS AEDOS
PERÍODO HOMÉRICO

Por volta do século XII a.C. chegou à Península Balcânica o contingente indo-europeu representado pelos dórios. Avançou sobre regiões já habitadas e as atacou. Caminhando para o Sul, os dórios transformaram a Grécia numa grande confusão. O suceder dessas invasões, o terror que provocaram, o desenrolar das guerras e conquistas, geraram muitas histórias, que passaram a ser transmitidas oralmente.

Uma poesia emergente, agradável para os ouvintes, eternizou esses acontecimentos. Cantores populares denominados "aedos" recitavam as narrativas poéticas em festas, acompanhados da cítara, uma espécie de lira, que era tocada com uma palheta. Entre rimas e melodias, divindades, heróis e simples mortais atravessaram os séculos, para mostrar os caminhos que foram percorridos pelas tribos helênicas, até chegarem ao ponto máximo da sua civilização.

Homero foi o primeiro grande nome da poesia grega. Por meio da *Ilíada* e *Odisseia* descreveu a vida dos gregos durante as invasões dóricas, as aventuras da guerra de Troia e, findas as batalhas, os incidentes que marcaram o retorno dos heróis helênicos à pátria.

Diante desse referencial e por ter vivido, provavelmente, no século IX a.C., o espaço da história grega compreendido entre 1200 e 800 a.C., recebeu o nome de "Período homérico".

POÉTICOS AEDOS:

A música e a poesia enlevam e dão colorido às imagens literárias que precisam ser divulgadas. Conseguem transmitir por meio da emoção e da alegria, fatos que teriam menor brilho se fossem produto apenas da narrativa racional. Por ser mais fácil de aprender e assimilar dessa forma, os aedos foram muito prestigiados e contribuíram de forma expressiva para a fixação e divulgação de fatos históricos da civilização helênica.

NECESSIDADE DE DEFESA
Acrópole, a Cidade Alta

Com a fixação na terra conquistada e o consequente crescimento populacional, aumentou a necessidade de defesa. A exemplo do que ocorria em cidades antigas, além da muralha protetora, na parte mais alta da localidade era construída uma espécie de fortaleza que recebia o nome de "Acrópole" porque, em grego, "Acrópolis" significa "Cidade Alta". Servia de refúgio em situação de perigo e seu posicionamento atendia, também, a uma razão religiosa pois, para os primitivos, os lugares altos tinham caráter sagrado.

Ao redor da Acrópole crescia um grupamento denominado "poleis" ou "pólis". Expressão comumente traduzida por "cidade", representava a sede do governo para toda a comunidade. O sentido que os helenos davam ao termo "cidade" é diferente daquele que lhe concedemos atualmente.

As "poleis" autônomas e soberanas, eram uma espécie de cidades-Estados ou Estados-comunidades, que se desenvolviam como unidades comunitárias independentes. Possuíam características próprias de economia, administração, força militar e culto religioso. Os habitantes das "poleis" eram divididos em duas categorias: "cidadãos" e "não cidadãos", sendo estes, representados pelas mulheres, escravos e metecos.

Os cidadãos integravam a classe social mais privilegiada da Grécia Antiga. Falavam nos tribunais, eram donos de terras, serviam ao exército e só eles podiam integrar o governo das respectivas "poleis".

Às mulheres gregas era proibido participar do governo, possuir propriedades ou recebê-las por herança. Deviam obediência aos pais quando solteiras e aos maridos após o casamento. Dedicavam-se aos filhos, à casa e à arte de tecer.

Os escravos podiam ser prisioneiros de guerra ou comprados em mercados de escravos. Muito pobres, não possuíam direitos legais e prestavam serviços aos seus senhores, como trabalhadores ou servos.

"Metecos" eram os nascidos fora da cidade-Estado. Estrangeiros e livres, muitos deles chegaram a possuir grande fortuna.

Surge a democracia – A forma de governo das "poleis" era variada. Algumas eram "monarquias", onde o monarca ou soberano governava com autoridade suprema. Nas "diarquias", dois soberanos reinavam ao mesmo tempo. Na maioria das cidades-Estados o governo era exercido por "oligarquias", grupos de nobres ricos chamados aristocratas. Esse poder centralizador gerou descontentamento e revoltas. Para que ocorresse restabelecimento da ordem, foram designados "tiranos", que passaram a ser legisladores investidos de poder absoluto. Posteriormente, em muitas "poleis" gregas foi estabelecido um novo sistema político chamado "democracia", que quer dizer "governo do povo" e permitiu a cidadãos do sexo masculino participarem do governo.

Na Grécia Antiga não houve união política abrangente nem completa, porque o país sempre esteve dividido em cidades-Estados espalhadas pelos inúmeros cantões que existiam pelo território. As cidades-Estados não eram iguais, nem possuíam a mesma origem, mas representavam a base da organização política dos gregos. Em grande parte foram, também, responsáveis pelos êxitos e fracassos daquela civilização.

Os helenos possuíam variedade de dialetos, porém tinham em comum as tradições e o idioma indo-europeu. Esses aspectos coincidentes mantinham as diversas tribos, de certa forma, unidas. A união ocorria, em especial, diante de perigo iminente, provocado por um inimigo comum.

LIVRE-ARBÍTRIO:

A democracia criada pelos gregos projetou-se nas civilizações posteriores e tornou-se anseio e realidade de muitos povos. A experiência dos países mostra que, no regime democrático, o povo escolhe os governantes que melhor possam atender às suas necessidades. Assim, também, cada cidadão faz opções, de acordo com o que considera melhor para sua vida pessoal. Porém, nem sempre as escolhas são acertadas, tanto na vida particular, como em termos de coletividade. O livre-arbítrio levará o homem a acertos e erros, que são importantes pelo fato de estarem todos, pessoas e países, em crescente e contínuo processo de aprendizado.

Afinal... se a história é, realmente, a mestra da vida, o tempo é o julgador dos fatos.

PERÍODO ARCAICO
A MAGNA GRÉCIA

A história nos conta que, entre 800 e 500 a.C. os gregos viveram o "Período arcaico", oportunidade em que foi adotado um novo sistema de escrita.

O povo helênico seguiu um ritmo evolutivo natural, enfrentando problemas de variadas espécies. Porém, a partir de 750 a.C., uma série de fatores levou os helenos a procurarem novas terras.

Pelo Egeu chegaram à Ásia Menor, atual Turquia. Atingiram sua costa ocidental, ocuparam diversas regiões do litoral do Mediterrâneo e do mar Egeu. Lançaram-se, também, em outra direção. Pelo mar Jônio foram para o sul da Itália, dominaram cidades e fundaram a "Magna Grécia".

Nos núcleos situados fora do território grego, eram mantidos o mesmo idioma, ideias, costumes, tradições míticas e religiosas da terra-mãe. Assim, durante o século VII a.C., uma civilização helênica, já com características próprias, vigorosas e bem delineadas florescia na Grécia, Ásia Menor e sul da Itália.

PERTO DO OURO:

A esperança de uma vida melhor, muitas vezes leva o homem para longe da cidade natal ou da pátria-mãe, em busca de riqueza, de novas oportunidades e novas descobertas. Porém, nem sempre é isso que ele encontra. Mas, a esperança jamais deixará de ser o mais forte dos sentimentos.

No livro *O Sucesso pela Vontade*, de Orison Swett Marden, há referência a um cidadão que possuía uma propriedade rural e decidiu vendê-la, para ir procurar ouro em outra região do país. Trabalhou na busca durante vários anos e não conseguiu encontrá-lo. Diante do insucesso, voltou para a cidade de origem. Então, ele soube: o indivíduo que comprara a sua propriedade, resolveu abrir um poço para conseguir água. E notou que, na areia retirada, havia uns grãos que brilhavam ao sol. Aprofundou a busca e descobriu um veio de ouro. Moral da história: muitas vezes o ouro está debaixo dos nossos pés e nós não conseguimos vê-lo... Sempre, na vida, é preciso estar atento, ter "olhos de ver" e agarrar a oportunidade com força, quando ela se apresentar.

A BATALHA DE MARATONA
Alegrai-vos, vencemos!

O século VI a.C. fez surgir um novo mundo grego. Cidades antigas de grande poder cederam lugar às fundadas pelos conquistadores. Em apenas alguns séculos, foram realizados expressivos progressos em todos os setores de atividade helênica.

Paralelamente à expansão grega, firmava-se no Oriente o vasto império Medo-Persa. Irradiou-se dos platôs do Irã e cobriu territórios que iam da Índia ao mar Mediterrâneo. Contando com fartos recursos humanos e materiais, os persas submeteram povos, chegaram à Europa e dirigiram sua atenção para a Grécia.

Em 490 a.C., o exército de Dario, "O Grande Rei", atravessou o mar Egeu e chegou ao território grego. Cem mil persas, comandados por Mardonius, desembarcaram na Planície de Maratona situada a aproximadamente 40 km de Atenas. A tropa ficou acampada na praia, aguardando momento oportuno para invadir Maratona.

O comando das ações gregas coube a dez generais superiores, denominados Estrategos. Reuniram-se nas encostas de uma colina para decidirem, em conselho, as estratégias do combate. Entre eles estava Milcíades, conhecedor da tática de guerra dos persas.

Os atenienses prepararam-se. Enviaram a Esparta o mensageiro Fidípedes, excelente corredor de longas distâncias, para pedir auxílio. Ele cumpriu quase 200 km de percurso de ida e volta, em dois dias. Os espartanos não puderam enviar ajuda de imediato, porque comemoravam festas religiosas. Plateia mandou um pequeno grupo de soldados e Atenas formou uma tropa de dez mil homens, composta de cidadãos, estrangeiros e escravos.

Alegrai-vos, vencemos! – Milcíades propôs um ataque imediato, antes que os persas iniciassem a marcha em direção a Atenas. Aceita a sugestão, os soldados foram orientados para que, devidamente armados e sempre unidos, atravessassem correndo o trecho de 1.500 metros de planície, atacando os persas de surpresa. Estes, confiando na superioridade numérica, imaginaram tratar-se de um bando de loucos. Assim começou a batalha de Maratona, que terminou com a vitória dos helenos. Sagraram-se vencedores com baixas de poucos homens. Uma parte do exército persa foi dominada, o restante recuou para o mar, embarcou nos navios e partiu apressadamente.

Para transmitir o evangelho, Milcíades mandou Fidípedes seguir para Atenas. Na Grécia, a palavra "evangelho" significava "boa nova" e era usada para dar uma boa notícia, como vitória na guerra, ou nascimento de um imperador.

Embora ferido, o mensageiro cumpriu a ordem e correu mais de 40 km. Com os pés sangrando, chegou ao estádio da cidade onde o povo, apreensivo, aguardava informações sobre a batalha. Fidípedes só conseguiu gritar: "Alegrai-vos! Vencemos!", antes de morrer.

ISAÍAS, 52:7 – *"Que formosos são, sobre as montanhas, os pés do que anuncia as boas novas, que faz ouvir a paz, que anuncia coisas boas (...)"*.

Segundo Heródoto, quando os 2 mil soldados espartanos chegaram para lutar, tudo havia terminado. Conseguiram ver apenas os corpos destroçados dos persas, espalhados pela planície.

NINGUÉM SERÁ HONRADO SOZINHO – "Maratona" foi uma das quatro batalhas em que o destino do mundo antigo ficou decidido, pelo confronto direto, entre europeus e asiáticos. Se os persas conseguissem vencer, toda a Grécia seria escravizada.

Consta que, diante do sucesso obtido, o general Milcíades pleiteou uma honraria. Afinal, a vitória fora conseguida graças ao seu plano de ataque. Recebeu, então, a seguinte resposta:

– "Milcíades, quando houveres lutado sozinho, aí sim, serás honrado sozinho".

A corrida de resistência disputada na atualidade e chamada "Maratona" é uma homenagem a esse memorável episódio da história grega. O percurso, superior a 40 km, representa a distância que Fidípedes cumpriu, para levar aos atenienses a alvissareira notícia da vitória dos gregos.

Esforço coletivo:

Quanto ao pedido de Milcíades, uma guerra não é feita apenas de generais. Se não existir o soldado, o general, sozinho, não fará nada. É preciso espelhar-se na natureza e aprender com ela as sábias lições. Entre a semeadura e a colheita há um incessante trabalho processado pela terra, vento, insetos, pássaros, água, nuvens etc. Uma semente, para germinar, precisará dos nutrientes do solo, da umidade e, rompido o invólucro, em busca do calor caminhará em direção ao sol, mas precisará também do vento, da chuva... Por não existir trabalho solitário na natureza, assim também acontece entre os homens.

Em tudo sempre haverá o esforço cumulativo de pessoas e, sob perspectiva mais extensa, de gerações. De uma forma ou de outra, todos os homens são construtores do progresso. Muitos esforços empreendidos não são usufruídos ou contemplados pelos próprios autores, mas pelas gerações futuras.

O panorama das sociedades atuais é fruto desse esforço contínuo ao longo da história. No presente, é colhido o trabalho executado por muitos, em um passado recente ou remoto.

JÔNIOS E DÓRIOS
O PERFIL DO MUNDO GREGO

Entre as guerras contra os persas (490-449 a.C.) e a Guerra do Peloponeso (431-404 a.C.), houve uma fase intermediária de paz, que muito representou para a civilização helênica. As cidades de Atenas e Esparta destacaram-se das demais, tornando-se as mais poderosas da Grécia. Aliás a influência que exerceram, não se restringiu apenas ao Período Clássico. Era sentida há muito tempo, de maneira inquestionável em vários aspectos, inclusive na moda.

Na Grécia Antiga, basicamente, homens e mulheres calçavam sandálias de couro, vestiam-se com uma túnica chamada "chiton" e cobriam-se com um manto. A túnica feminina podia ser confeccionada em dois modelos: o jônico era preso nos ombros e o dórico enrolado no corpo.

Embora a raça helênica tenha sido originária de tribos com marcas bem definidas, foram os jônios e dórios que, durante longo tempo, traçaram o perfil do mundo grego. Rivais e contrastantes, suas acentuadas diferenças tiveram importância fundamental na estrutura político-social da Grécia Antiga.

ATENAS, CIDADE DIVINA
O SÉCULO DE PÉRICLES

Os jônios fixaram-se na Ática, uma península que, da Grécia continental, projeta-se sobre o Egeu. Fundaram a capital Atenas, edificaram as primitivas construções sobre o rochedo da Acrópole e, ao redor da fortaleza, espalharam-se as casas dos habitantes. Formou-se uma cidade de situação privilegiada, que ficou aberta ao mar, recebendo influências culturais externas, inclusive dos cretenses.

Apesar de ocupada também por outros grupos, os habitantes da região sempre se consideraram descendentes dos jônios. A ocupação das terras foi lenta, gradual e pacífica. Os elementos culturais dos jônios agregaram-se natural e intimamente aos dos habitantes primitivos da região. Nenhuma classe social impôs seu domínio, nem havia diferença entre vencedores e vencidos.

ISAÍAS, 30:15 – *"(...) na tranquilidade e na confiança estará a vossa força (...)"*.

O CENTRO DO MUNDO – De início Atenas foi monarquia. Depois transformou-se em democracia. Destruída pelos persas em 480 a.C., foi reedificada especialmente pela ação de Péricles, que se destacou entre todos os estadistas atenienses. Possuía habilidade política e paixão pelas coisas profundas, elevadas e belas. Grande general e orador brilhante convencia os ouvintes de tal forma, que costumavam falar que "a persuasão morava em seus lábios". Dono do poder por mais de 30 anos, protegeu as artes, letras e embelezou Atenas, principalmente a Acrópole, com grandes e modernos monumentos. Enquanto esteve sob seu comando, a cidade resplandeceu em todos os sentidos. O século mais brilhante da Grécia, o V a.C., foi batizado como "Século de Péricles".

Nessa fase áurea, a história de Atenas misturou-se à da própria Grécia. Por seus filósofos, poetas, pensadores, escritores, historiadores, pintores, escultores e arquitetos, Atenas, "a senhora dos mares gregos", representou o maior polo de cultura helênica e chegou a ser considerada "o centro do mundo". O poeta Píndaro, assim a saudou:

"Ó, tu, brilhante, coroada de violetas, celebrada em canções, baluarte da Grécia, Atenas famosa, cidade divina".

VALORIZAÇÃO DA CULTURA:

A expressão "socialização dos indivíduos" está interligada ao mundo da educação, do crescimento pessoal, da solidariedade, em um leque enorme de possibilidades que dignificam a condição humana. É um campo de entusiasmo pensar no intercâmbio, na troca de informações, experiências e habilidades, nas promoções artísticas e convivência tão intensas, que ocorrem quando os indivíduos se encontram e descobrem o valor das diferenças e da própria civilização. Isso convida à valorização da cultura em todas as suas expressões e em todas as artes.

Na Grécia antiga, Péricles imortalizou-se pelo cuidado na promoção e divulgação do belo. Reforçou o patrimônio cultural de Atenas e projetou-a no mundo ocidental através dos séculos.

ESPARTA, CIDADE SEM MURALHA
LICURGO, O GRANDE LEGISLADOR

Os dórios radicaram-se em Esparta, a principal cidade e capital de uma região denominada Lacônia ou Lacedemônia, situada ao sul do Peloponeso, na Grécia peninsular. Por isso, os espartanos eram também chamados lacônios ou lacedemônios.

Cidade interior, ficava em um vale fértil, nas margens do rio Eurotas. De um lado era defendida por uma cadeia de montanhas e, do outro, havia um desfiladeiro que formava verdadeira fortificação, deixando Esparta naturalmente isolada.

O fator geográfico e o aumento da população contribuíram para definir as características agressivas dos espartanos. Recebiam educação com acentuada tendência guerreira, pois, para eles, a formação do soldado era meta prioritária. Tanto que, aos recém-nascidos fracos ou doentes, não era permitido sobreviver.

Em Esparta o bem coletivo estava acima do individual, dos dons espirituais e das coisas materiais. O Estado espartano era dirigido por dois reis. Tratava-se de uma "diarquia", que obedecia a uma Constituição rígida e aristocrática, cuja elaboração foi atribuída ao lendário legislador Licurgo. Contavam os espartanos que, após efetuar viagem ao Oriente, Licurgo consultou o oráculo de Delfos. O deus Apolo, então, indicou as reformas que deveriam ser feitas em Esparta. Depois de instituí-las e de receber dos cidadãos o juramento de que seriam respeitadas, mesmo enquanto ele estivesse ausente, Licurgo abandonou a cidade e nunca mais voltou.

O PEITO DOS SOLDADOS – Os espartanos davam muito valor à ordem, disciplina e autoridade. Conservadores possuíam nacionalismo extremado, sentiam aversão pelos estrangeiros e não permitiam reformas que pudessem abalar a posição da classe dominante. Os "espartanos", "espaciartas" ou "iguais" representavam a camada dominante da população. Recebiam educação especial dirigida, exclusivamente, para a vida militar. Até os 7 anos de idade eram criados pela família. A seguir, deixavam o lar e eram entregues ao Estado. Passavam a formar batalhões de crianças e, sempre em grupos, eram submetidos a exercícios físicos, que iam aumentando de intensidade gradativamente. Aos 12 anos, o regime era mais rigoroso. Os adolescentes dormiam sobre palha, executavam exercícios fortes e recebiam refeição sóbria, para saberem adaptar-se, desde cedo, às dificuldades da guerra. Aos 17 anos tinham participação ativa na vida militar. Ficavam na caserna até os 30 anos, idade em que podiam se casar. Dos 30 aos 60 anos faziam a primeira refeição do dia na caserna, integrando um grupo que deveria lutar unido em tempo de guerra. Os "iguais" eram excelentes guerreiros e viviam em estado de mobilização permanente.

As mulheres dedicavam-se às atividades físicas e também eram submetidas a rígido treinamento pois, para os espartanos, não havia diferença entre os sexos.

Famosos pela austeridade, os espartanos eram educados para falar o mínimo possível. Daí ter surgido a expressão "lacônico", para definir o indivíduo conciso, de poucas palavras. A arquitetura dórica também se caracterizava pela austeridade.

Por estar em local de difícil acesso, Esparta não possuía a forte muralha que protegia as demais cidades gregas. Quando indagados sobre esse detalhe, os lacedemônios respondiam orgulhosos:

– "A muralha de Esparta é o peito dos seus soldados".

Uma reconstituição mais detalhada sobre a história dos espartanos foi dificultada pelo fato de eles sonegarem informações, deliberadamente, e não terem deixado matéria escrita sobre suas tradições. Para os estudiosos, a riqueza de Esparta morreu junto com ela.

A FRATERNIDADE:

Os espartanos davam muito valor à ordem, à disciplina, à hierarquia e à obediência à autoridade. Eis valores humanos anteriores à Era Cristã, que são válidos nos tempos modernos. Muitos dos males são provocados pela falta de respeito a essas condições, tão valorizadas pelos habitantes de Esparta.

O amor e respeito à escola, à pátria, à família, à natureza, ao planeta, às instituições a que o indivíduo está vinculado, indicam o sentido real e amplo de cidadania, que inclui direitos e deveres, que devem ser encarados com prudência, sabedoria, bom--senso e sem fanatismo.

Na realidade, somos todos irmãos, independentemente de raça, cor, condição social, sexo, profissão, formação acadêmica, opção religiosa ou ideológica. Esse entendimento convida à convivência, com harmonia e solidariedade, sem discriminação ou preconceito de qualquer espécie.

A partir de 431 a.C. atenienses e espartanos defrontaram-se na guerra do Peloponeso, que se estendeu por 27 anos, tendo um período de trégua. A primeira metade da guerra foi vencida por Atenas. Na segunda, a vitória coube a Esparta, porque os atenienses renderam-se em 404 a.C., subjugados pela fome.

Em 371 a.C. Esparta foi derrotada por Tebas.

O que sobrou da história de atenienses e espartanos foi avaliado, estudado e divulgado. Por terem dado força, vida e colorido ao mundo helênico, os romanos costumavam dizer que "Atenas e Esparta foram os dois grandes olhos da Grécia".

PATRIMÔNIO CULTURAL

ASPECTOS EDUCACIONAIS
Ouvir a voz interior

A família encarregava-se da educação da criança até os 7 anos de idade. Exceção feita a Esparta, nas demais cidades gregas, a partir daí, ou a criança frequentava uma escola, ou era entregue aos cuidados do pedagogo. Era promovida uma educação ética onde, por meio de exercícios práticos, os pequenos aprendiam a postura que deveriam adotar perante o mundo.

PROVÉRBIOS, 22:6 – *"Ensina a criança no caminho em que deverá andar e até quando envelhecer, não se desviará dele".*

O ensinamento das virtudes era transmitido oralmente, por meio da dança e do canto. No grego arcaico, "cantar" possuía o mesmo significado que "falar". Por entenderem que só a comunicação musical expressava com eficácia o entusiasmo e os sentimentos do ser humano, a função da música era pedagógica. A escrita era considerada produto da razão pura e, por isso, não satisfazia às complexas necessidades da criança. Para se transformar em essência criadora, a razão precisa estar acompanhada da emoção.

A FORÇA DA EMOÇÃO:

A afirmativa "Para se transformar em essência criadora, a razão precisa estar acompanhada da emoção" preconizada pelos gregos, estabelece um paralelo real. A razão analisa, pondera, reflete. Somente a emoção, todavia, consegue entender a essência. A emoção usa a alegria, a misericórdia, a tolerância, a brandura, valores sem os quais a razão pode se perder.

De maneira acentuada, o ensino se processava por sons e gestos. A técnica era: "Aprenda e pratique. Depois você saberá o porquê". Paralelamente às manifestações musicais havia ensinamento de atividades físicas como: dançar, montar a cavalo e jogar bola.

A partir dos 12 anos dimensionava-se a atenção e cuidado com o corpo. Nas palestras, os jovens dedicavam-se à educação física de maneira mais sistemática.

Aos 16 anos o Estado intervinha no programa educacional e o jovem iniciava, no ginásio, importante estágio da sua formação físico-intelectual.

AQUIETAR BOCA E MENTE – Depois dos 25 ou 30 anos, o indivíduo podia habilitar-se ao mais elevado grau de formação integral. Trata-se da Mistagogia e a ela só tinham acesso os que conseguissem demonstrar coragem, após longo período de recolhimento. Os aprendizes eram submetidos a profunda meditação. Precisavam aquietar boca e mente para ouvir a voz interior, porque só o silêncio absoluto conseguiria transformar a sabedoria em luz. Essa luz mostraria o caminho que precisava ser percorrido pelo homem, para chegar mais perto dos deuses. Enquanto ele aprendia sobre os grandes mistérios, estava se processando a "iniciação".

> PROVÉRBIOS, 21:23 – *"O que guarda sua boca e a sua língua, guarda das angústias a sua alma"*.

Atingir o "estado de excelência" era o ideal da educação helênica. Os iniciados o buscavam por meio do sacrifício, coragem, estudo, conhecimento, integridade moral e sabedoria. A fórmula mágica era o constante aprimoramento das virtudes, pois só um permanente trabalho de aperfeiçoamento pessoal e de reforma íntima, poderia permitir que o indivíduo atingisse o patamar ótimo da condição humana.

O "estado de excelência" é uma posição privilegiada, onde o treino está dirigido para a transparência moral e limpidez de caráter. Assim o trabalho e o talento dos mais sábios são reconhecidos, valorizados e imitados.

Esse é o caminho que leva o homem para perto dos deuses, que o transforma em herói e o ajuda a conquistar a imortalidade.

VOZ CÓSMICA:

Os gregos treinavam o silêncio, porque diziam que as divindades falavam com a voz cósmica e, para conseguir ouvi-la, era preciso aquietar a mente.

Muitas filosofias, desde as mais antigas às contemporâneas, pregam a meditação, cujo objetivo nada mais é do que aquele proposto pelos gregos, com outras palavras e de outras maneiras.

Meditar é fazer uma viagem interior, é refletir sobre si mesmo, mas também sobre a vida, os objetivos de viver, de relacionar-se com o semelhante. Dessa viagem interior e, paralelamente, da viagem exterior para compreender os processos da vida, resultam benefícios para a saúde física e para a harmonia psíquica. Quem medita consegue compreender melhor as circunstâncias e fatos que lhe ocorrem ou ocorrem à sua volta, precavendo-se contra os possíveis prejuízos da precipitação ou da precocidade de certas atitudes e iniciativas.

CONFRONTOS ESPORTIVOS
RESPEITO E DISCIPLINA

O sistema educacional grego dedicava cuidado especial aos exercícios, porque o vigor físico era incentivado e cultuado. O homem precisava ser forte e saudável, para defender sua cidade nas guerras e estádios. Afinal, também nos jogos públicos as "poleis" se defrontavam e tinham a oportunidade de mostrar superioridade umas sobre as outras.

Nas guerras, a participação era precedida de tristeza, inquietação e medo. Porém, o confronto nos estádios gerava disciplina, método, respeito e alegre expectativa. Se o medo maltrata, angustia e afasta, a alegria é força benéfica que aproxima e motiva.

Talvez por isso, também, as competições esportivas tenham sido tão prestigiadas entre os helenos.

E elas existiram desde tempos remotos.

Há descrições de um torneio fúnebre-esportivo realizado na Grécia, por volta do século X a.C. Mais tarde, os escritores informam que milhares de peregrinos se deslocavam de várias regiões para assistirem à celebração de sacrifícios habituais em honra a deuses e heróis. Nessas reuniões eram promovidos combates e disputas entre os representantes das diversas cidades. Os eventos tiveram êxito crescente e se estenderam por todo o território helênico.

ECLESIASTES, 8:6 – *"Porque, para todo propósito há tempo e modo (...)".*

FIXAÇÃO PELA ESCRITA
MITOLOGIA, DEUSES E HERÓIS

Por volta do século VIII a.C., os jogos públicos passaram a ser promovidos periodicamente. Possuíam caráter religioso, data fixa e lugar determinado.

Foi também em meados do século VIII a.C., com o poeta Hesíodo, que surgiu a primeira organização escrita sobre a mitologia grega. A partir daí, de forma ordenada, poesia e música espalharam os mitos pelo mundo helênico. Os jogos esportivos, que reuniam grande número de pessoas, tornaram-se extraordinário veículo de divulgação cultural.

Ao serem disciplinados por Hesíodo e fixados pela escrita, os mitos passaram a ser lidos e puderam ser interpretados mais detalhadamente. A mitologia grega mostra que, do mundo criado ao mundo habitado, um longo caminho foi percorrido por deuses e homens.

Entre os dois estão posicionados os heróis.

NATURAL COMO A VIDA – Surgiram também divindades alegóricas para personificar os conceitos de vícios e virtudes, por meio de histórias recheadas de heroicas e divinas manifestações. Os personagens viviam as aventuras em um cenário onde bem e mal, justiça e injustiça, alegria e tristeza, vitória e derrota intercalavam-se para punir ou premiar, provocar dor ou prazer. O que realmente se destaca no mito, é a grande lição final. Atrás da aparência despretensiosa e até infantil, existe um sentido sério que precisa ser compreendido.

PROVÉRBIOS, 23:7 – *"Porque, como imaginou na sua alma, assim é (...)"*.

O mito grego é exemplar, é paradigmático. Além de narrar acontecimentos divinos e justificar o concreto, mostra a postura ideal diante da vida, para o homem tornar-se mais perfeito.

Nenhum detalhe deverá provocar espanto ou ser considerado chocante. Porque o mito é natural como a vida. Evidente como a superioridade dos deuses sobre os homens. E encerra um conceito irrefutável como a ação do tempo.

Por não possuírem passado, presente, nem futuro, os mitos sempre serão fortes e atuais.

FORTALECIMENTO DE VIRTUDES:
Na Grécia Antiga, os personagens centrais das histórias eram os deuses e heróis ou semideuses. Na Era Moderna, surgiram Batman, Super-homem, Homem Aranha, a Mulher Maravilha, as Tartarugas Ninjas e os Cavaleiros do Zodíaco. O efeito que os mitos causavam na juventude grega, talvez seja o mesmo que, na atualidade os heróis de jogos e revistas causam na juventude. O importante é que provoquem bons sentimentos e transmitam boas mensagens, para fortalecer as virtudes e o aprendizado. Note-se que, nessas narrativas, ao lado de personagens perversos, sempre surgem os heróis, defensores da honra e da virtude.

ASPECTOS CULTURAIS
O CANTO DAS MUSAS

Os mitos chegavam aos helenos de todas as idades, por diversos caminhos. Eram transmitidos pela poesia, música, pintura dos ceramistas, teatro e literatura.

As divindades inspiradoras da poesia e do canto eram as musas, frutos do amor de Zeus e Mnemósine, esta, personificação da memória ou da lembrança. Em número de nove, pela versão mais corrente, foram geradas por Zeus para que as façanhas dos olímpicos não caíssem no esquecimento.

As musas viviam no Helicão, monte cheio de árvores e fontes, cujas águas tinham o poder mágico de inspirar os poetas. Representantes da chama geradora da beleza, as verdades que as musas transmitiam aos homens eram transformadas em rimas e fantasias. Graças a essa inspiração divina, o homem também alcançaria a imortalidade. Por suas realizações, teria o nome gravado na memória do tempo. Afinal, as musas herdaram da mãe Mnemósine a possibilidade de perpetuar fatos e pessoas pelo não esquecimento.

As musas presidiam o pensamento humano em todas as suas formas: eloquência, persuasão, sabedoria, história, matemática, astronomia, música, dança, canto, teatro, etc.

A música foi muito prestigiada pelos gregos. Estava inserida nas histórias, sempre auxiliando heróis e deuses no bom desempenho de tarefas. Atribuindo a divindades a invenção da flauta e da lira, os gregos popularizaram sua utilização, incluindo-as na educação, no cotidiano e, de forma expressiva, nas festividades religiosas, comemorativas ou esportivas. Embora existissem outros instrumentos de corda e percussão, a flauta e lira foram muito usadas na música grega.

O som da lira era considerado puro, harmonioso, inigualável. Inventada por Hermes, o divino mensageiro das sandálias aladas, a lira era símbolo da poesia, instrumento musical de Apolo e dos poetas míticos.

SEMPRE A MÚSICA:

A permanente presença da música...
Sempre a flauta e a lira inseridas no dia a dia dos gregos, participando das festividades, da educação, dos cultos religiosos, dos mitos...
Disse Gibran Khalil Gibran: "A alma da música nasce do espírito e sua mensagem brota do coração".

TEATRO GREGO
BUSCA DA ELEVAÇÃO MORAL

O canto coral atingiu elevada expressão.

Grande exemplo é o ditirambo. Incluía o programa das "Dionísias" ou "Dionisíacas", festas da vindima realizadas em honra a Dioniso, deus do vinho. Apresentado nos teatros, o ditirambo era de caráter apaixonado, alegre ou triste. O som da lira acompanhava tanto a parte narrativa recitada pelo cantor principal, como o coral propriamente dito. Os participantes apresentavam-se personificados de faunos e sátiros, considerados companheiros de Dioniso.

Em toda a Grécia havia teatros amplos, com excelente acústica, edificados ao ar livre. Possuíam a forma de ferradura, para favorecer a visão do palco. Canções e músicas dramatizadas em festivais religiosos eram ali apresentadas e deram origem à arte teatral, que não tinha apenas função de distrair e entreter as pessoas. Na Grécia Antiga, o teatro era educativo, cultural, aristocrático e objetivava promover a elevação moral e espiritual do indivíduo.

UMA LIÇÃO:

O aprendizado não é um compartimento estanque da educação, restrito apenas às salas de aula dos estabelecimentos de ensino. Possui tal abrangência, que poderá ser absorvido de diferentes formas e em diversos lugares. Tudo que acontece na vida, desde o mais simples fato, ao mais artístico e sofisticado evento, trará no seu bojo uma lição a ser analisada e que poderá ser aproveitada, se for de boa qualidade. Se a conclusão estiver voltada para o bem, proporcionará enriquecimento moral e espiritual ao indivíduo.

As artes gregas, em todas as suas expressões, transmitiram aos estudiosos informações precisas sobre a civilização helênica. Era promovida uma cultura atlética porque, na Grécia, o esporte esteve ligado à evolução do próprio homem. Suas concepções artísticas, manifestadas pela pintura dos ceramistas, esculturas, poesias e obras literárias, imortalizaram o êxito desfrutado pelo esporte e perpetuaram o entusiasmo que, na época, sua prática despertou.

DÉDALO, PRIMEIRO ARQUITETO
O VOO DE ÍCARO

Os gregos, além de se considerarem autóctones, afirmavam terem sido os inventores das artes. Justificavam-se com a lenda sobre Dédalo.

Ateniense e filho de família real, Dédalo era ferreiro, escultor, arquiteto e artista de grande potencial criativo. Inventou peças que facilitaram o trabalho dos homens do seu tempo. A ele é atribuída a criação do machado, machadinha, pua e bancos dobráveis.

Ácale, seu sobrinho e auxiliar, abriu a boca de uma serpente morta e viu os dentes agudos e enfileirados do réptil. No retorno à oficina, reproduziu o maxilar do animal num pedaço de ferro. Estava criada a serra. Ácale inventou, ainda, o compasso, o torno de oleiro, o mastro a vela e esses objetos passaram a concorrer com os do tio e mestre. A criatividade crescente do sobrinho atingiu a vaidade de Dédalo com tanta força, que ele sentiu enfraquecer sua energia criadora. Certo dia, convidou o rapaz para visitar um templo da Acrópole. Atirou-o do alto das muralhas matando-o, movido pela inveja e medo da concorrência.

Condenado ao exílio, Dédalo refugiou-se em Creta, onde o rei Minos recebeu-o com grandes honras e impôs-lhe a execução de várias obras. Entre elas o Labirinto. Era uma construção composta de salas e um conjunto de corredores e caminhos sinuosos, sem saída, entrecruzados como um eterno enigma. Aí vivia o Minotauro, monstro com corpo de homem e cabeça de touro, que se alimentava de carne humana. Em Creta, Dédalo uniu-se a uma escrava e dessa união nasceu Ícaro.

INVEJA, O GRANDE MAL:

Dédalo possuía tudo que se convencionou achar que traz felicidade: origem real, talento, prestígio social e riqueza. Quando percebeu o sucesso do sobrinho, foi dominado pelo medo da concorrência, pela inveja e, por eles, deixou de ser senhor para tornar-se escravo.

O medo inibe a ação e leva o indivíduo a deformar a realidade. Sob a influência do medo, a saúde é comprometida e as possibilidades de êxito tornam-se nulas. Para os antigos gregos, *Deimos, o Terror, e Fobos, o Medo*, eram irmãos. Filhos de Ares, deus da guerra, percorriam os campos de batalha provocando pavor. Homero considerava-os muito potentes, porque eram capazes de atingir até os heróis mais corajosos.

Quanto à inveja, ela é um mau sentimento que acorrenta, destrói relacionamentos e traz infelicidade. Ela é descabida, pois o ser humano, sendo único – já que não há duas criaturas iguais – não tem de se comparar a ninguém, e sim, valorizar as próprias potencialidades. A inveja não é solitária. Na maioria das vezes está acompanhada da calúnia, difamação, tramas e armadilhas morais. Porém, a primeira vítima da inveja e da maledicência é o próprio invejoso. Como diziam os antigos: "O mal que da tua boca sai, no teu peito cai".

EMPOLGADO COM O VOO – Por ter colaborado com Teseu na morte do Minotauro, Minos aprisionou Dédalo no Labirinto, juntamente com Ícaro. Usando penas de aves e cera, Dédalo confeccionou dois pares de asas que ele e Ícaro prenderiam nas costas para fugir da prisão. Transmitindo ao filho instruções sobre o voo disse que se ficasse muito próximo do mar, a densidade do ar tornaria as asas pesadas e dificultaria a locomoção. Se voasse muito alto, o calor do Sol derreteria a cera e as asas iriam desfazer-se. Era preciso manter-se em altitude média, para aproveitar as correntes aéreas e tirar vantagem dos ventos favoráveis. Só assim a viagem seria bem-sucedida.

Dédalo foi na frente, mostrando o caminho. Empolgado por estar voando, Ícaro desobedeceu o pai e elevou-se de tal forma, que o calor do Sol fundiu a cera, as asas derreteram-se, o jovem caiu no mar e morreu afogado. Cada pena que se desprendeu formou uma ilha, dando origem ao arquipélado das Icárias.

ESCOLHER O CAMINHO:

Quando Ícaro sentiu-se "com asas para voar", não deu importância aos conselhos paternos e encontrou a morte prematuramente.

A cada dia que passa, aprende-se uma nova lição. Sendo assim, os mais velhos saberão um pouco mais que os mais jovens e poderão transmitir sábios conselhos. Se eles forem prudentes, merecerão ser considerados e analisados. É importante ouvir a "voz da experiência" e, de acordo com o livre-arbítrio, escolher o melhor caminho a seguir. E é nesse caminho de opções tão diversas que o ser humano aprende a viver melhor.

O mito de Ícaro e Dédalo é muito citado em trabalhos sobre a história da aeronáutica, por se tratar da primeira menção conhecida, de voo planado executado pelo homem.

Dédalo conseguiu chegar são e salvo a Cumas e, seguindo para a Sicília, pediu asilo ao rei Cócalo, tornando-se seu principal arquiteto. Por várias vezes tentou com sua arte imortalizar Ícaro. Porém, com a dor que sentia ao recordar o filho, o cinzel caía-lhe das mãos, impedindo-o de realizar o trabalho.

Dédalo é reverenciado como o primeiro arquiteto-escultor da tradição grega e o inventor do primeiro artefato de voo idealizado pelo homem.

O LABIRINTO – Em escavações realizadas em Cnossos, capital da ilha de Creta, os arqueólogos encontraram um palácio cuja planta foi associada à do famoso Labirinto. Pela análise, os estudiosos constataram tratar-se de edifício majestoso, complicado e opulento. Entre outros detalhes da construção havia canaletas para água, instalações para banhos e outras comodidades difíceis de imaginar, para uma edificação de época tão remota. Aí também estavam guardados rico e abundante material têxtil, esculturas, pinturas, trabalhos em pedras preciosas, marfim, artísticas incrustações, além de rico e abundante material em arte cerâmica.

A descoberta do Labirinto prova que, na Grécia, o mito encontra-se bem próximo da realidade. Talvez, muito mais perto do que possamos imaginar.

ARTES GREGAS
MARCAS INDELÉVEIS

Na Grécia, a pintura e as demais artes eram transmitidas de forma hereditária.
Nas decoradas peças de cerâmica a pintura grega encontrou sua expressão maior. Entre motivos religiosos, heroicos, míticos, históricos e do cotidiano, as atividades esportivas ocupavam papel destacado. Muitas dessas ilustrações complementaram narrativas de antigos escritores, permitindo conclusões acertadas sobre a vida atlética dos helenos. Na

maioria das vezes, as peças em cerâmica eram recipientes conhecidos pelos nomes de "vasos" porém, destinados à guarda de vinho e azeite. Sendo a compra mais acessível ao povo, contribuiu para que a presença do esporte fosse mantida viva em todos os lares.

Houve pintores famosos, mas a arquitetura e a escultura foram as mais expressivas manifestações da arte grega.

A maior parte das casas da população eram edificações simples, porém, os locais de adoração religiosa eram majestosos. Por isso os templos representaram a verdadeira amostragem da arquitetura grega.

ARTE, *na mais ampla expressão, é a ciência do belo e, por gratificar os sentidos, alimenta a alma e amplia o patrimônio intelectual.*

TEMPLOS E ESTILOS
A ARQUITETURA

É provável que, de início, uma pequena construção de madeira devidamente murada, protegesse a imagem da divindade. Ao redor havia resistentes esteios para sustentar o peso do telhado.

Em Atenas, no século VI a.C. começaram a ser construídos templos de pedras e os suportes de madeira foram substituídos por colunas. O novo detalhe passou a ser adotado pelas demais "poleis" gregas e, assim, a arquitetura floresceu. A partir daí distinguiram-se três estilos diferentes cujo referencial eram: forma, dimensão e ornamentos das colunas.

O estilo *jônico* era leve e elegante. O *dórico*, igualmente belo, caracterizava-se pela solidez e sobriedade. Nada existia de supérfluo nos templos dóricos. Após o século IV a.C. surgiu o *coríntio*, estilo mais enfeitado que os anteriores.

Os templos gregos não eram igreja ou lugar de reunião religiosa. De grande beleza arquitetônica, representavam um santuário onde os deuses poderiam viver ocasionalmente, ou utilizar como moradia temporária. Os dois mais importantes foram o Partenon de Atenas e o templo de Zeus em Olímpia.

Como a união das cidades gregas ocorria, basicamente, em função dos laços religiosos, alguns templos eram sustentados por uma "liga" de devotos ou de "poleis". Os templos de Apolo em Delos e em Delfos promoveram uniões expressivas.

De um modo geral os templos gregos possuíam, interiormente, três compartimentos. O principal deles era representado por uma sala retangular denominada "cela" ou "nau", destinada a abrigar oferendas e a estátua da divindade. Antecedendo a "cela" havia uma espécie de antessala. Na parte traseira da edificação ficava o Tesouro Público, separado da "cela" por um muro. Abrigava objetos e presentes valiosos como coroas de ouro, mesas de marfim, espadas, escudos dourados, estatuetas em metais preciosos, etc. Se necessário, essas riquezas eram vendidas para ajudar a cidade a superar crises financeiras.

A FÉ CONCRETIZA:

Provavelmente, a grandiosidade dos templos gregos inspirou a exuberância das igrejas e templos das religiões que surgiram na Era Cristã. É, pois, a influência marcante da cultura humana do passado, nos costumes religiosos do presente. Construções modernas, de grande beleza arquitetônica e enormes dimensões, proporcionam a reunião de pessoas que ali comparecem pela mesma devoção. O que menos importa é o rótulo que possuam. O que vale, realmente, é a fé, porque se a esperança sugere é a fé que concretiza. E o bem, a generosidade, a misericórdia, a caridade, os bons costumes, o perdão, independem de rótulos ou denominações porque serão virtudes, sempre.

ESCULTURA
A ESCOLA DE FÍDIAS

A escultura foi a mais festejada das artes gregas e tornou-se conhecida pela grande quantidade de cópias que se espalharam pelo mundo. Iniciou-se com trabalhos de madeira, passou por natural processo evolutivo e, da simplicidade, emergiu alto grau de perfeição.

As atividades físicas deram grande impulso à escultura, porque os deuses eram representados pelo modelo humano. Com isso, os escultores copiavam dos atletas os mais perfeitos traços para executarem as figuras divinas. Os vencedores dos jogos públicos também eram imortalizados por meio de estátuas e, com isso, o corpo humano passou a ser reproduzido de maneira bela e perfeita.

A escultura grega atingiu sua plena maturidade nos séculos VI e V a.C., época em que os Jogos Olímpicos estavam no apogeu.

ROMANOS, 12:2 – *E não vos conformeis com este mundo, mas transformai-vos pela renovação de vosso entendimento (...)"*.

VIGOROSO ENCANTO – Fídias foi o mais famoso escultor desse período. Nasceu em Atenas, era filho do pintor Cármine e, como seus irmãos, dedicava-se à pintura. Chegou a realizar alguns trabalhos de pintura, mas o talento para a escultura falou mais alto. Fídias trocou os pincéis pelo cinzel e, graças à sua genialidade, a estatuária grega adquiriu marcas indeléveis. Um grupo de escultores reunia-se à sua volta e trabalhava sob sua direção. Era a chamada "Escola de Fídias". A sintonia entre eles era tão grande e os alunos reproduziam o traço do mestre com tanta precisão, que o caráter de unidade e harmonia da peça eram mantidos integralmente. Nada revelava a pluralidade de autoria.

Fídias ficou famoso, especialmente pelas estátuas criselefantinas, feitas em ouro e marfim. Cabia a ele a responsabilidade de esculpir a figura das divindades e supervisionar a decoração dos mais importantes templos gregos. Suas esculturas foram de grande valor artístico mas duas peças contribuíram para celebrizá-lo: as estátuas de Palas Atena, que se encontrava no Partenon de Atenas e a de Zeus Olímpico, no templo de Olímpia.

Fídias foi muito prestigiado na administração de Péricles, época em que sua arte desabrochou com vigoroso encanto. Esculpiu deuses majestosos e dimensionou o sentido do divino. Possivelmente a grandiosidade que ele adotava provocou nos gregos sentimento de profundo respeito e temor pelas divindades.

DISSE O. S. MARDEN: *"A pequena diferença que existe entre o bom e o melhor, estabelece a diferença entre o artífice e o artista".*

NECESSÁRIO À PAZ – Como os inimigos de Péricles não podiam atacar o general diretamente, direcionaram as lanças contra os que foram distinguidos com a proteção e amizade do grande líder. Fídias estava entre eles. Diante do povo foi acusado de ter subtraído parte do ouro que lhe fora entregue, para confeccionar a estátua de Palas Atenas. No início dos trabalhos, orientado por Péricles, colocou o ouro de forma que pudesse ser retirado, a qualquer momento, para verificação de peso. Com isso, provou que usara todo o ouro que havia recebido para a confecção da estátua.

A seguir, contratado pelos eleos e constrangido pelas acusações de que fora vítima, Fídias deixou Atenas e transferiu-se para Olímpia. Lá montou um ateliê e auxiliado por uma grande equipe, demorou oito anos trabalhando na estátua de Zeus Olímpico.

Arqueólogos encontraram uma jarra de argila em cuja base estava inscrito "Eu sou de Fídias", o que comprova a estada do escultor no local.

Fídias morreu em 431 a.C. Nesse ano explodiu a Guerra do Peloponeso e, com ela, iniciou-se o declínio da civilização grega. Associando os dois fatos, assim disse o poeta Aristófanes: "Fídias era necessário à paz. Inseparáveis um do outro, eles desapareceram juntos".

Após a vitória do cristianismo, as esculturas de Fídias sumiram, porque era considerado um dever religioso destruir as imagens dos deuses pagãos.

O FLORESCER DA ARTE GREGA
OUTROS ESCULTORES

Míron pertenceu à mesma geração de Fídias e especializou-se nos trabalhos em bronze. Ele e o filho Lício fizeram estátuas de vencedores de jogos esportivos por volta de 440 a.C. Míron é o autor do famoso "Discóbolo", escultura mundialmente conhecida. Várias cópias foram encontradas, possibilitando um estudo mais detalhado dos seus traços. Representa um atleta anatomicamente perfeito preparando-se para arremessar um disco. Míron foi um inovador. Criou a figura de ação, fixando o momento em que o corpo irá passar de uma posição para outra.

Praxíteles surgiu depois de Fídias. Desenvolveu um trabalho calmo e elegante. Suas figuras possuíam linhas descontraídas, atitudes leves, articulações perfeitas e musculatura distendida, concedendo ao conjunto um ar de vitalidade, beleza e graça. O mármore era seu material predileto. Consta que, para fazer uma escultura de Apolo, Praxíteles inspirou-se nos traços selecionados de sete belos atenienses. Sua obra mais famosa, louvada em muitos poemas, representava Afrodite, a deusa do Amor, entrando no banho. Talvez tenha sido essa a primeira estátua de uma mulher nua, sozinha.

Peônio tornou-se famoso pela peça "A Vitória" (Niké), que deve ter sido esculpida entre 425 e 421 a.C. Messênios e naupáctios venceram os espartanos em batalha travada na guerra do Peloponeso. Com parte da multa paga pelos vencidos, o artista foi contratado para esculpir a peça e ela foi oferecida a Zeus. Enriqueceu-a com detalhes que foram muito elogiados: a elegância do porte da deusa e as pregas formadas pela túnica sob a ação do vento. A vitória de Peônio encontra-se no Museu Arqueológico de Olímpia.

Lisipo foi o último dos grandes nomes da escultura grega. Iniciou uma nova escola, dando às figuras proporções mais esbeltas. De início as estátuas possuíam expressões fisionômicas estáticas. Lisipo deu-lhes caracterização individualista tendendo para o retrato. Esculpiu o busto de vários homens célebres e era o predileto de Alexandre Magno que permitia somente a Lisipo esculpir seu rosto. Lisipo iniciou a realização de alegorias e esculpiu "Apoximeno", lutador que limpa a areia do corpo com uma rascadeira. Esse trabalho traduz toda concepção helenística de virilidade. Coube a Cares de Mitilena, discípulo de Lisipo, a honra de esculpir o "Colosso de Rodes", monumento considerado uma das sete maravilhas do mundo antigo.

Na Grécia Antiga, as esculturas não estavam relacionadas apenas a uma condição externa. Tratava-se de um conceito mais profundo, porque refletia o conteúdo interior dos homens.

Enquanto os artistas buscavam aprimorar seu talento por meio da arte, promovendo a fixação da beleza, a escultura grega floresceu. Começou a decair quando os interesses artísticos deixaram de obedecer a essa característica.

RECURSOS MULTIPLICADOS:

A parábola dos Talentos (Mateus, cap. 25, vv. 14 a 30) retrata a situação de um homem que, ao ausentar-se para longe, chamou seus servos. Ao primeiro deu cinco talentos, ao segundo, dois e ao terceiro, um. Os dois primeiros negociaram os talentos recebidos e devolveram, respectivamente, dez e quatro talentos. O terceiro devolveu apenas aquele que havia recebido. Os que multiplicaram seus talentos ganharam novas responsabilidades. Mas o que o guardou, até este o amo lhe tirou, dizendo: "Porque a todo aquele que já tem, mais lhe será dado, e terá em abundância; e ao que não tem, dele será tirado até o que parece que tem".

Os talentos são as capacidades que o ser humano possui para a execução de determinadas atividades. Então, sem mágica ou segredo, essa parábola alerta sobre a evidência de que a dedicação multiplica os recursos e dimensiona os talentos, enquanto a omissão, a indiferença ou a negligência fazem desaparecer os dons recebidos e anulam as oportunidades de crescimento.

HOMERO E HESÍODO
O BELO CANTO DAS MUSAS

A literatura apresentou desenvolvimento espontâneo e original, permitindo que a história grega fosse traçada com expressivo grau de exatidão.

Homero foi o primeiro poeta épico e o mais célebre dos aedos gregos. Os especialistas acreditam que em 1.000 a.C. já existia uma forma primitiva da *Ilíada*, a mais antiga criação de Homero. Mas apenas em 700 ou 600 a.C. ela foi fixada pela escrita. Na *Ilíada*, Homero conta a guerra de Troia. Na *Odisseia* fala sobre as aventuras, no retorno à pátria de Odisseu ou Ulisses, herói grego que lutava contra os troianos. Foi Ulisses quem, inspirado por Atena, sugeriu aos gregos a construção do cavalo de madeira que permitiu a invasão de Troia.

Graças a essas duas coleções de poemas, puderam ser conhecidos vários séculos da história grega. Tradições constantes da *Ilíada* e *Odisseia*, mais tarde, foram confirmadas por descobertas arqueológicas.

Por ter relatado o mais antigo confronto esportivo da História, Homero é considerado o "primeiro cronista esportivo do mundo". Trata-se da descrição de uma corrida de carros realizada nos Jogos Fúnebres. Ele também escreveu: "Minha juventude foi embalada nas ondas; a poesia me deu cabelos brancos; é a mim que chamais Homero".

UM JOVEM PASTOR – Hesíodo, poeta grego, viveu, provavelmente, no século VIII a.C. Pastor de ovelhas, dedicava profunda devoção às musas e sempre pastoreava junto ao Helicão, monte a elas consagrado. Um dia, em contato direto com a Natureza, foi tocado pela inspiração das divindades que amava com especial carinho. Nesse momento ocorreu o grande milagre: as valiosas informações, que lhe foram transmitidas pelas musas, transformaram o jovem pastor no iluminado poeta Hesíodo.

No trabalho *Teogonia*, com base em mitos já existentes e obedecendo o princípio de que "tudo tem uma origem", ele sequenciou as evidências do Universo cósmico e narrou o surgimento dos deuses, estabelecendo a genealogia e hierarquia divinas. Hesíodo deixou precioso legado. Deu colorido especial às narrativas que compôs e conseguiu tirar fatos e seres do amplo, fantástico e misterioso Universo cósmico, para projetá-los nos rígidos limites da realidade.

UMA VOZ INTERIOR:

II TIMÓTEO 3:16 – *"Toda Escritura divinamente inspirada é proveitosa para ensinar, para replicar, para corrigir, para instruir em justiça".*

A boa intuição e boa inspiração, por serem divinas, surgem subitamente na mente, como se existisse uma voz imperiosa, interior, induzindo o indivíduo à ação. Defini-la com precisão é tarefa difícil.

E são as inspirações dos iluminados que conseguem criar com eficácia, aquilo que ninguém lograra conseguir, com êxito, anteriormente.

Disse Charles Darwin: "Posso me lembrar do ponto exato da rua em que, dentro da carruagem, para minha alegria, a solução me veio". Não é isso inspiração?

ODES E CANTOS TRIUNFAIS
GLÓRIA AOS VENCEDORES

Na arte literária grega, vários autores fizeram frequentes alusões às atividades físicas e aos esportes.

Píndaro, poeta lírico, nasceu em Tebas em 521 a.C. Filho de famoso flautista e membro de nobre família de origem dórica, recebeu apurada educação. Desde os 13 anos de idade dedicava-se à música e poesia. Venceu competições de poesia, disputadas em diversos jogos gregos e foi um dos mais festejados autores da Grécia Antiga. Na sua vasta obra havia muitos Epinícios ou Cantos Triunfais dedicados aos vencedores dos diversos jogos públicos. Foi autor que muito se dedicou à glória dos olimpiônicos[2] e assim falou sobre eles:

---

[2]   Título conferido aos vencedores nos jogos de Olímpia.

"Longe chega o brilho da fama, que se ganha nos Jogos Olímpicos".

Em Tebas foi erigida uma estátua que o reproduzia empunhando uma lira e coroado com um diadema de louros. Quando os macedônios atacaram Tebas, por ordem de Alexandre Magno, a casa de Píndaro foi poupada. Só ela permaneceu intacta entre as ruínas. Essa homenagem à memória do poeta prova, com eloquência, o quanto ele era reverenciado. Píndaro demonstrava consciência das leis divinas e foi marcado por traços de dignidade e seriedade moral. Enaltecia os atos heroicos e condenava a inveja, injustiça e qualquer proceder ignóbil. Morreu tranquilamente aos 80 anos de idade, "vencido pelo sono", quando se encontrava sentado no teatro de Argos.

Baquilides, poeta lírico, pertencia à tradicional família de Ceos, embora conste que viveu no Peloponeso. Escreveu cantos para procissões, epigramas, cantigas para dançar, hinos, peãs[3], canções de amor, ditirambos e odes triunfais. A obra de Baquilides era quase desconhecida até ser encontrado um papiro contendo composições de sua autoria. Dentre elas havia 14 canções de vitória relacionadas a feitos gloriosos dos campeões olímpicos.

Heródoto viveu de 485 a 425 a.C. e, como primeiro historiador grego, foi chamado o "Pai da História". Efetuou viagens a outros países, buscando subsídios para compor seu trabalho. A história de Heródoto relata as disputas do mundo grego com os reinos bárbaros. Cronista respeitado e zeloso foi muito lido na Antiguidade. Heródoto era aplaudido nos Jogos Olímpicos, especialmente, quando efetuava suas brilhantes narrativas sobre as vitórias dos gregos contra os persas.

A CORAJOSA INOVAÇÃO − Eurípides, "aquele que dá o sentido", era o mais jovem dos grandes poetas trágicos e viveu de 480 a 405 a.C. Estudou filosofia, pintura, ciências e, desde cedo, dedicou-se à poesia e ao teatro. Apresentou considerável obra literária e por cinco vezes obteve o prêmio da tragédia. Eurípides manipulou a mitologia de maneira

---

[3] Peã – forma de criação musical ou poética, que celebra Apolo.

moderna, inovadora e arrojada, estilo que o diferenciou de Ésquilo e Sófocles, seus famosos antecessores. Efetuou análise psicológica das paixões amorosas e mergulhou nos conflitos da alma humana. Usava a linguagem da vida corrente e essa corajosa inovação tornou-o popular, provocando perseguição por parte dos conservadores. Enriqueceu o teatro e a literatura com sua originalidade e consta que foi atleta. Não há referência sobre o esporte a que ele se dedicou, mas foi encontrado o seguinte texto: "O homem completo é aquele que pode, como Eurípides, escrever *Ifigênia* com a mesma mão que acaba de ganhar, nos Jogos Olímpicos, a coroa de atleta".

Luciano nasceu em Samósata e escrevia diálogos e romances satíricos. Viveu entre 125 e 192 da nossa era. Apresentava estilo literário leve e espirituoso. Seus escritos oferecem substanciais informações a respeito do preparo dos atletas e da prática esportiva na Antiguidade. Mencionou quais as atividades desenvolvidas nos treinamentos, de acordo com a especialidade de cada esportista.

Pausânias foi geógrafo e historiador grego do II século da nossa Era. É o autor de *Pariegesis*, obra de grande valor para o estudo da topografia, mitologia e arqueologia da Grécia Antiga. Deixou um trabalho que contribuiu para a execução das obras atuais sobre a cultura grega e o olimpismo. Pausânias foi o autor que mais se dedicou à detalhada descrição das atividades esportivas. Abordou, inclusive, importantes aspectos da organização administrativa dos diversos jogos públicos.

Filostrato também forneceu inestimáveis subsídios sobre a vida esportiva da Grécia. Descrevia fatos, efetuava análise de situações e apresentava conclusões oportunas. Suas narrativas iam desde a fase preparatória dos atletas até os resultados finais. Acreditava que o treinamento seria mais eficaz se fosse concedida independência à atuação do treinador. E este, antes de aplicar a sessão de atividades, deveria observar fatores importantes como condições atmosféricas, estado físico e disposições, data e horário de realização dos eventos. Sobre a sede permanente dos Jogos Olímpicos assim se expressou:

"É um lugar da Arcádia, o mais formoso de lá e a grande alegria de Zeus. Nós o chamamos Olímpia".

PARA A ALMA:
A poesia sempre existiu, sempre existirá e não poderá morrer jamais, porque ela alimenta a alma dos românticos.

FILOSOFIA
A SIMPLICIDADE TORNA A ALMA SÁBIA

Meditar a respeito das leis do Universo e da maneira como elas atuam sobre os homens e demais seres. Estudar os fatos, as evidências e buscar a lógica da vida. Procurar caminhos e tentar encontrar a essência de todas as coisas.

Mesmo que as discussões sobre a busca do belo, do bom e do justo não chegassem ao fim almejado e ficassem divididas entre críticas e aplausos, os pensadores gregos enriqueceram o mundo das ideias. Uns de maneira mais incisiva que outros, mas, de qualquer forma, todos foram brilhantes. Graças aos seus estudos, abriram caminho para vários métodos e fortaleceram diferentes artes.

Na filosofia grega destacaram-se:

OS VALORES ESPIRITUAIS – Sócrates foi um dos mais influentes e, provavelmente, o filósofo que mais controvérsias gerou na Grécia Antiga. Transmitia os ensinamentos oralmente entre discípulos, amigos, admiradores, políticos e mesmo simples observadores. Muitas vezes os debates provocavam reações exaltadas e imprevisíveis. Conside-

DIFERENTES VISÕES:

Um fato sempre terá características próprias. O que fará a diferença é a forma como esse fato é visto e entendido. Isso não significa que existam análises ou pontos de vista certos ou errados. Cada um enxergará o acontecido, por um foco estritamente pessoal, porque os indivíduos, sejam eles filósofos ou não, terão visões diferentes diante de todas as coisas que acontecem.

Graças a essa diversidade de opiniões e informações, poderão ser descobertas novas possibilidades e novos valores que, sem dúvida, auxiliarão os seres humanos, na busca do melhor caminho a seguir.

É importante abrir-se para o novo, interessar-se pelo desconhecido, absorvendo as informações com a mente vazia, para analisá-las criteriosamente e, se forem válidas e coerentes, dimensionar o conhecimento. A presença de conceitos e preconceitos cristalizados e limitantes, não concederá oportunidade para a reflexão que poderá proporcionar progresso moral e espiritual.

rado um dos maiores pensadores gregos, empenhava-se pela educação ética e enaltecia os valores espirituais, na busca permanente da verdade.

Sócrates nada escreveu sobre suas teorias, mas sabe-se que defendia a simplicidade. Dizia que na música a simplicidade torna a alma sábia e na ginástica proporciona saúde ao corpo. Para Sócrates seria "uma desgraça, para o homem, tornar-se velho sem ter conhecido nunca a beleza e a força de que seu corpo é capaz".

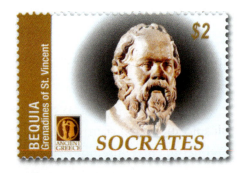

Em 399 a.C., foi acusado de introduzir novas divindades, não reconhecer os deuses que o Estado reconhecia e corromper a juventude, transmitindo-lhe conselhos inoportunos. Julgado e considerado culpado, foi condenado a beber cicuta. Com o veneno, os executores da pena levaram-lhe, também, a chance do perdão. Se houvesse uma retratação, se ocorresse o arrependimento, ele seria perdoado. Sócrates respondeu aos seus algozes: "Eu presto contas primeiro aos deuses e depois aos homens. Estou em paz com a verdade. Quem não sabe morrer, jamais servirá para viver. Eu já sei morrer. Tenho pena de vocês que não sabem. Passarão a velhice apavorados com a morte. Estou em paz, não quero o perdão. Os deuses estão do meu lado". Logo em seguida, ingeriu o veneno corajosamente.

SUPERAR OBSTÁCULOS:
É de Sócrates a famosa frase: "Conhece-te a ti mesmo" que, ao longo dos séculos tem servido para embasar diversos tratados filosóficos e mesmo doutrinários. Quando o homem conhece a si mesmo, seu interior torna-se claro e ele adquire a autoconfiança que o ajudará a superar os obstáculos que se apresentarem diante de si.
De Sócrates é também, "Só sei que nada sei".

O MAIS CÉLEBRE DISCÍPULO – Platão, membro de família aristocrática, nasceu na ilha de Egina, em meio à Guerra do Peloponeso. Viveu os primeiros anos de vida entre conflitos, discórdias e temores. De temperamento gentil e interessado pelo belo, ainda novo começou a estudar todas as artes do seu tempo, tendo conhecido bastante a música e a matemática.

Seu verdadeiro nome era Arístocles, igual ao do seu avô. Platão, originário de "platys", que quer dizer largo, foi um apelido possivelmente conferido por um dos seus mestres devido aos ombros desenvolvidos. Foi o mais célebre discípulo de Sócrates e divulgador das suas ideias. A filosofia de Platão ficou conhecida graças aos *Diálogos* que escreveu.

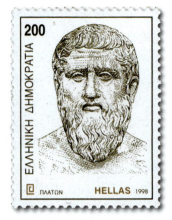

Foi um dos precursores da teoria da pluralidade de vidas e imortalidade da alma. Defendia a importância do equilíbrio entre o corpo e o espírito, aconselhando: "Ginástica e música uma intercalada à outra". Platão costumava pregar aos jovens: "Não somos nem só espírito, nem animais apenas, mas um conjunto de ambos". De todos os pensadores, foi ele quem mais se dedicou a debater o amor, sentimento que representou um dos pontos fundamentais da sua doutrina filosófica.

Platão foi lutador, e participou dos Jogos Ístmicos e Olímpicos, onde obteve vitórias que o tornaram tão famoso quanto seus célebres *Diálogos*.

Após a morte de Sócrates, Platão viajou por vários países, permanecendo afastado por mais de dez anos. Regressou à Grécia em 389 a.C. e nos jardins do Acádemo, pequeno bosque situado perto de Atenas, instalou uma escola filosófica. Devido à localização ela recebeu o nome de Academia. Platão viveu de 429 a 347 a.C. mas sua Academia conseguiu superá-lo por vários séculos. Sobreviveu até 529 da nossa Era.

Isócrates, um dos mais sábios pensadores políticos da Grécia, viveu de 436 a 338 a.C. Discípulo de Sócrates, mais escritor que orador, preparava brilhantes e eloquentes discursos, onde exaltava de maneira sistemática a necessidade da unificação helênica. De certa feita, nos Jogos Olímpicos, louvou os idealizadores dos grandes festivais esportivos, pelo muito que proporcionaram à população grega. Acrescentou: "Juntamo-nos todos em um lugar, onde evocamos nossa origem comum e sentimo-nos mais próximos uns dos outros, revivendo nossas velhas amizades e estabelecendo novos vínculos".

AMOR SUBLIME:

Platão sublimou o amor e usava a denominação "Eros", o divino Amor Universal, para designar esse sentimento puro que, por ser magnânimo, ficou conhecido como amor platônico.

Porém, o passar do tempo desvirtuou o sentido que lhe dava o filósofo, para transformá-lo em amor erótico, mais ligado à sensualidade do que à pureza. Platão também dizia que uma pessoa luta e resiste mais quando está sendo observada do que quando está sozinha, pois quando ela está só, pode perfeitamente dizer e fazer coisas, das quais se envergonharia se estivesse na presença de terceiros.

A FORÇA DA NATUREZA − Aristóteles foi o último dos grandes representantes da tradição socrática. Filho de um médico do rei da Macedônia, após a morte do pai e aconselhado pelo oráculo de Delfos, partiu para Atenas a fim de estudar filosofia.

Discípulo de Platão era, pelo mestre, chamado de "O espírito", "A inteligência", "O ledor". Tornou-se preceptor e amigo de Alexandre Magno. Quando retornou a Atenas, fundou e passou a dirigir uma escola no Liceu, pequeno bosque público. Por acreditar que a Natureza surgia como uma imensa força sobre a matéria, proporcionando elevação do pensamento e desenvolvimento da inteligência, Aristóteles ministrava as aulas ao ar livre, durante os passeios que realizava com seus alunos. Por caminharem por uma aleia coberta chamada "Perípatos" seu método foi chamado "Sistema peripatético de ensino". Aristóteles dizia: "A Natureza nada fez em vão".

Em alguns aspectos discordava das teorias de Platão. Para ele a experiência e a observação representam o princípio de toda ciência. Cientista profundamente interessado pela biologia, medicina, astronomia e autor de tratados de lógica, política, história natural e física, deixou obras ricas em originalidade e tão profundas, que abriram caminho para muitas ciências.

Com relação aos esportes, Aristóteles afirmava que o treinamento especializado objetivava descobrir qualidades físicas. Se fossem bem exploradas poderiam levar o indivíduo a transformar-se em campeão olímpico. Entre os brilhantes escritores e filósofos da Grécia Antiga, foram esses os que mais fizeram referência aos esportes e aos jogos públicos.

DE CORAÇÃO A CORAÇÃO:

Na Bíblia, encontra-se em Eclesiastes,12:11 – "As palavras dos sábios são como aguilhões, e como pregos bem fixados pelos mestres (...).".

Os budistas diziam: "Assim como em uma vela acesa outras poderão acender-se, o mestre transmite seus ensinamentos, de coração a coração, para que eles se iluminem".

MEDICINA
TALENTO SOBRE A VIDA HUMANA

Asclépio, filho do deus Apolo e Coronis, nasceu em Epidauro e foi abandonado pela mãe. Um pastor encontrou-o, mas não se atreveu a recolhê-lo, porque o clarão que rodeava o menino era sinal de que ali havia um grande mistério.

Apolo confiou o filho aos cuidados do centauro Quirão, monstro abuloso, metade homem e metade cavalo, que era sábio, inteligente, virtuoso e profundo conhecedor de medicina. Com ele Asclépio aprendeu a arte de curar e nela ficou famoso. Com a popularização do mito, Asclépio foi divinizado e Apolo transferiu para o filho a condição de deus da medicina. Os santuários edificados em sua homenagem espalharam-se por várias cidades. Recebiam o nome de Asclepions ou Asclepeions e situavam-se junto a fontes de águas minerais ferruginosas, em meio à Natureza, com jardins bem cuidados e consta que nesses templos ocorriam curas maravilhosas. Aí atuavam os sacerdotes médicos.

Com o passar do tempo a medicina afastou-se das práticas puramente religiosas e seguiu caminhos mais racionais e analíticos. Esse movimento ocorreu graças aos filósofos. Como se interessavam pelo espírito e pelo corpo, tinham uma visão geral de todas as coisas.

O MICROCOSMO HUMANO – A atuação de Pitágoras foi tão marcante, que conseguiu modificar a feição da medicina do seu tempo. Com referência à educação dizia: "Educai as crianças para não punir os homens". Filósofo e matemático possuía uma escola em Crotona, na Magna Grécia, onde exerceu forte influência sobre seus discípulos. Um deles, Empédocles de Agrigento, celebrizou-se por ter introduzido na medicina a "Teoria dos quatro elementos". Para ele, terra, ar, fogo e água constituem as raízes de todas as coisas, inclusive do corpo humano. O equilíbrio ou o desajuste entre essas substâncias provocarão no indivíduo a saúde ou a moléstia.

Com marca diferente da sacerdotal, surgiu a "Medicina dos filósofos", praticada pelos pitagóricos. Ela se baseava no seguinte princípio: "Sendo o mundo um macrocosmo, todos os microcosmos de cuja soma ele é constituído devem obedecer às mesmas leis, particularmente o microcosmo humano".

Para os gregos, os médicos também eram considerados artistas e o talento que eles possuíam era exercido sobre a saúde e a vida humana.

LEI ESSENCIAL:

Para Pitágoras, a harmonia é a lei essencial da vida. E a lei essencial da vida é a saúde, porque representa a harmonia das partes que compõem o corpo humano.

O PAI DA MEDICINA
O ESTADO DE SAÚDE VALE MAIS

No século V a.C. havia quatro grandes escolas para médicos. Por estar a saúde diretamente ligada ao corpo e à mente, a educação física foi objeto de estudo para os que exerciam as ciências médicas. Os que mais se destacaram foram:

Ico de Tarento, que viveu por volta de 500 a.C. Associou a prática esportiva à medicina e consta que disputou os Jogos Olímpicos. Preocupava-se com o regime alimentar dos atletas e, pelos trabalhos que desenvolveu, é considerado um dos precursores da medicina esportiva.

Heródico, por conhecer a prática da medicina, das atividades físicas e dos aspectos a elas relacionados, criou um tratamento que levava seus pacientes a adotarem um regime alimentar baseado nas dietas dos atletas e no treinamento físico. Foi, também, um dos precursores da medicina esportiva e é considerado "pai da ginástica terapêutica".

O BERÇO DA MEDICINA – Hipócrates foi o mais importante cultor da medicina na Antiguidade e viveu entre 460 e 375 a.C. Nasceu em Cós, ilha do mar Egeu próxima da Ásia Menor. Consta que a ascendência de Hipócrates contava com mais de 40 médicos, muitos dos quais seus homônimos.

Em Cós localizava-se um dos mais antigos templos de Asclépio. A ilha – de clima ameno, belas paisagens e fontes de águas minerais – era chamada "o berço da medicina" e possuía muitos plátanos. Era debaixo de uma dessas árvores que Hipócrates atendia os pacientes, ensinava aos seus discípulos e, protegido pela agradável sombra, escreveu os primeiros livros.

Hipócrates foi um iluminado e, com justiça, é cognominado "pai da medicina". Ajustou suas doutrinas médicas aos conceitos que Pitágoras legou ao mundo helênico e criou um abrangente método. Recusou ofertas magníficas, por não desejar socorrer os inimigos de sua pátria. Grande pensador, condenava os exercícios muito fortes por serem prejudiciais ao organismo. Dizia: "O estado de saúde vale mais".

Defendia a prática de atividades físicas para proporcionar maior resistência ao indivíduo. No entanto, os exercícios deveriam ser naturais e não forçados.

Muitos conceitos de Hipócrates continuam atuais, provando sua sapiência. Tanto que sua ética profissional, resumida, consta – na atualidade – do juramento proferido pelos médicos ao colarem grau.

TALENTO MÉDICO:

"Saúde é um estado de completo bem-estar físico, mental e social, e não apenas a ausência de doença", segundo a Organização Mundial da Saúde. O médico que associar diagnósticos precisos a medicamentos corretos, à gentileza, atenção e atitudes humanitárias para com o doente que estiver sob seus cuidados, além da medicina estará exercendo, também, o sacerdócio. Atuar sobre o físico, sem descuidar-se do aspecto psicológico, emocional e social, favorecerá a cura do paciente. Essa atitude é louvável, dignifica o profissional e confirma, realmente, que o médico exerce o seu talento sobre a saúde e a vida humana.

"A fadiga não provocada indica moléstia" e "O sono e a insônia além da medida, são sinais de moléstia", são aforismos de Hipócrates.

SUPERIORIDADE ESPIRITUAL – Galeno nasceu em 131 da nossa Era, em Pérgamo, cidade da Ásia Menor que possuía tradição na medicina. Seu pai era arquiteto e dizem as lendas que Asclépio apareceu-lhe em sonho, dizendo que o filho teria um futuro brilhante se estudasse medicina. Assim foi feito. Após passar nove anos viajando e estudando em importantes centros médicos, Galeno retornou a Pérgamo. Estava com 28 anos de idade, passou a cuidar de gladiadores feridos e iniciou a elaboração das suas primeiras obras escritas.

Pesquisador cuidadoso distinguiu-se como anatomista, patologista, experimentador e filósofo. Foi ele quem primeiro explicou o mecanismo da respiração e afirmava que o exame de urina poderia constituir-se em excelente meio para controlar os exercícios físicos.

Dedicou-se ao aperfeiçoamento da ginástica, preocupou-se com o esporte, mas criticava a prática brutal e o fanatismo. Explicou a limitação humana ao declarar: "Uma coisa que atinge seu apogeu não é mais suscetível de acréscimo, nem pode permanecer no mesmo estado. Só pode, portanto, declinar".

Galeno era esportista praticante e chegou a disputar os Jogos Olímpicos. Com referência ao meio físico, na qualidade de pensador e moralista, observou que o homem é, por natureza, proporcionalmente inferior à maioria dos animais. Deve, portanto, cultivar sua superioridade espiritual.

Galeno, que iniciou a carreira tratando de gladiadores, morreu em 210 da nossa Era, em Roma, onde se tornara médico de imperadores. Ele costumava dizer:

"Louvo a quem nos fez, pela sabedoria com que estabeleceu isso que somos".

CONTRA OS EXCESSOS:

A base científica das ciências médicas, objetivando a prevenção, aquisição e manutenção da saúde física e mental, surgiu no período luminoso em que floresceu o pensamento grego. E isso ocorreu há mais de três mil anos. Muitos cuidados adotados pelos médicos da Grécia continuam presentes na medicina da atualidade.

Desde aquela época, os especialistas em saúde já preveniam contra os excessos. É aconselhável evitar o exagero e o fanatismo. Aliás, o equilíbrio é importante e deve ser preservado, não apenas para aquisição do bem- estar físico, mas também e principalmente, em todos os setores da vida.

DEUSES E JOGOS

PRÁTICA ESPORTIVA
EXERCÍCIOS E SABEDORIA

O esporte era praticado nas palestras, ginásios, estádios, hipódromos e, eventualmente, nos teatros. Os primeiros treinadores eram antigos atletas, que ensinavam aos jovens as técnicas dos exercícios.

As palestras possuíam dimensões mais modestas que os ginásios e pertenciam, geralmente, a um particular. Eram edificações destinadas à prática de modalidades de ataque e defesa e tinham compartimentos utilizados para diversas finalidades. Havia cômodos apropriados para massagens, duchas, banhos quentes, abluções etc.

Por considerarem estimulantes os banhos matinais, os gregos tinham o hábito de lavar-se antes e depois dos exercícios físicos. Em outra sala o atleta era besuntado com óleo, para manter a pele macia, apesar da longa exposição ao sol. Em outro setor, o corpo era polvilhado com areia. Para Filostrato, essa prática servia para fechar os poros e impedir transpiração excessiva, mantendo estável a temperatura corporal. Além disso, de acordo com a coloração, a areia possuía propriedade medicinais.

NECESSÁRIA À VIDA:

Disse Tales de Mileto, um dos sete sábios da Grécia: "A água é o princípio de todas as coisas".

Elemento indispensável à higiene ambiental, ao bem-estar físico, à saúde e principalmente, à vida, foi muito usada pelos antigos, tanto para o asseio corporal, como para fins terapêuticos.

De início o homem primitivo banhava-se em rios e cachoeiras. Depois, o hábito de banhar-se foi transferido também para o ambiente fechado. A prática foi aperfeiçoada ao longo do tempo e adaptou-se a valores, condições culturais e sociais de cada civilização que a adotava.

Em 1.500 a.C. os egípcios usavam óleos e sais perfumados para fazerem a higiene pessoal e embelezarem a pele. Posteriormente, os gregos criaram sistemas hidráulicos, canalizaram águas da chuva e dos rios e fizeram do banho um hábito diário. Privilegiaram as abluções e os banhos nas palestras, tornando-os costume de uma coletividade. No templo de Asclépio, em Cós, e em outros com características semelhantes, construídos próximos de fontes de águas minerais, os banhos possuíam finalidade terapêutica.

As palestras eram edifícios arejados e espaçosos, construídos na beira de rios e rodeados de árvores. Com o tempo passaram a ser usadas, também, para treinamento de exercícios físicos em geral. Pela competição entre os proprietários seu uso desvirtuou-se e, posteriormente, foram integradas aos ginásios. As palestras podiam existir isoladamente, mas não havia ginásios sem palestras.

ATLETAS, ARTISTAS E LITERATOS – Os ginásios eram propriedade do Estado. Lugares de paz, beleza e tranquilidade, possuíam salas para conferências, variadas instalações esportivas, recintos para massagens, duchas e unções. Também estavam situados em lugares agradáveis junto a rios, bosques e colinas. Representavam uma espécie de escola superior no preparo físico-intelectual dos jovens. Serviam, também, como ponto de encontro entre artistas e literatos que promoviam e efetuavam troca de experiências.

Na mesma cidade, a palestra e o ginásio eram autênticos polos de atração. Lá, os jovens entregavam-se aos treinamentos esportivos, preparavam-se para a carreira militar, desfrutavam horas de repouso e recreação. Do contato com poetas, filósofos e escultores enriqueciam-se espiritualmente. Obrigatoriamente passavam a frequentá-lo aos 16 anos de idade. Após dois anos juravam fidelidade ao Estado, deuses e tradições morais do seu povo. A partir daí eram cidadãos livres.

Nos ginásios havia disciplina rigorosa e o programa estabelecido era cumprido de forma a atender três classes de frequentadores: os jovens ou aprendizes, os adultos e os atletas propriamente ditos.

Como um todo:

A vida sedentária é a mais curta de todas as vidas. Porém, para que o indivíduo possa ser atingido como um todo, o exercício físico deverá estar intercalado com momentos de lazer, recreação e atividades culturais, para serem privilegiadas suas necessidades físicas, mentais, emocionais e sociais.

O TREINAMENTO – Aos que deveriam participar dos grandes jogos, era ministrado um treinamento que ocupava a maior parte do dia e variava de acordo com o esporte praticado. Os exercícios eram programados em séries contínuas de quatro dias e recebiam o nome de "Tetras". A primeira sessão era leve e ligeira. Havia maior sobrecarga na segunda, para diminuir de intensidade no terceiro dia e dar lugar a um programa bem suave na última etapa.

Por acharem muito eficazes esses ciclos de preparação, os treinadores não permitiam, sob nenhum pretexto, que a corrente fosse quebrada. Esse rigor chegou a ser criticado e Filostrato contou o caso do ateniense Gereno, campeão olímpico que teve uma estátua erigida na estrada que ligava Atenas a Elêusis. Por sentir-se indisposto, o atleta pediu dispensa dos treinamentos. Na véspera fora a um banquete, ingeriu muitas bebidas e alimentos, não conseguindo dormir à noite, com fortes dores de estômago. O treinador, para não interromper o ciclo de "tetras", obrigou-o a participar dos treinos. Gereno assim o fez e, no meio da sessão de exercícios teve forte crise, falecendo entre vômitos contínuos.

Nos ginásios os atletas seguiam uma dieta alimentar. Durante o dia alimentavam-se de coisas leves e, somente ao cair da tarde, recebiam farta refeição. Frituras, alimentos cozidos e bebidas quentes eram proibidos. Consta que ao ser incluída no regime, a carne surtiu excelentes resultados. Uns mencionam que era carne de carneiro. Para outros, tratava-se de carne de cabra por ser menos gordurosa.

O estádio, edificação destinada às corridas pedestres, era mais utilizado nos dias de competição.

No hipódromo eram realizadas corridas de carros ou de cavalos montados. Estádio e hipódromo estendiam-se bastante no sentido do comprimento e pouco na largura. Do ponto de vista arquitetônico eram construções simples, contendo apenas as instalações necessárias à sua função. Por ser a prática das atividades equestres muito antiga e até mesmo lendária, os hipódromos surgiram bem cedo na Grécia.

A arena esportiva era objeto de muita atenção e cuidado por parte dos gregos. Não era possível imaginar-se uma comunidade grega sem uma praça de esportes, sua palestra e seu ginásio.

SABER CURVAR-SE:

Assim como a intemperança, a rigidez de caráter também pode ser prejudicial. Por falta de flexibilidade, o treinador grego provocou a morte do atleta Gereno, que estava sob seus cuidados.

A esse respeito, uma sábia lição é fornecida pela Natureza. Após um forte temporal, a rígida cerejeira estava com os galhos quebrados. Porém, o flexível salgueiro, que vergava por força do vento, manteve-se intacto. Na vida, também é importante ser flexível, quando o momento assim o exigir.

II PEDRO, 1:6 – "Acrescentai à ciência, a temperança; à temperança, a paciência; à paciência, a piedade".

RESPONSÁVEIS PELAS ATIVIDADES
O RECONHECIMENTO PÚBLICO

Será feita referência aos ginásios, por serem mais abrangentes.

O ginasiarca, eleito a cada ano, era responsável pela parte administrativa, moral e disciplinar. Cuidava da provisão de óleo necessário aos lutadores. Eventualmente comprava, com o próprio dinheiro, material para as competições. Escolhia e organizava as equipes que deveriam representar a cidade nos festivais esportivos e era responsável pela supervisão de treinamento dos atletas locais.

Possuía vários auxiliares: o primeiro deles era o ginasta ou cosmeta. Conhecedor de higiene e medicina orientava as lições de ginástica e os treinamentos, além de outras atividades. Pela condição de médico-treinador, sua figura sempre aparecia nos desenhos da época. Vestia-se com longa túnica e, em uma das mãos, trazia longa e delgada vara que terminava em forquilha. Esse objeto dava-lhe autoridade, além de ser utilizado para corrigir, pelo toque, defeitos de postura do atleta. Possivelmente servisse, também, para aplicar castigo corporal em quem se comportasse de maneira desleal.

Os ginastas desempenhavam importante papel. Os gregos davam-lhes lugar de evidência e, das narrativas, conclui-se que da sua atuação dependia o êxito dos esportistas. Eles zelavam, também, pelo comportamento do atleta fora do ginásio ou palestra, interferindo na vida particular, se necessário fosse.

PROVÉRBIOS, 29:15 – *"A vara e a repreensão dão disciplina (...)"*.

O AMOR CONDUZ À VITÓRIA – Filostrato conta a seguinte história: Promachos, um lutador que se caracterizava pela assiduidade, disciplina e dedicação aos treinos, apresentou mudança de comportamento. O treinador descobriu que o atleta estava apaixonado por uma jovem que o evitava. Como os Jogos Olímpicos estavam próximos, chamou Promachos, disse-lhe que sabia do fato e iria interceder junto à moça. Alguns dias depois, mesmo sem ter feito o que prometera, falou ao jovem que ela adotava aquela atitude esquiva, porque desejava apenas que ele conseguisse a vitória em Olímpia.

Animado por nova força, Promachos passou a concentrar-se, unicamente, nos treinamentos e sua participação em Olímpia foi duplamente exaltada: além de vencer, derrotou um dos melhores lutadores da época – o famoso Pulidamos. Os conterrâneos de Promachos mandaram erigir-lhe uma estátua de bronze no Altis e outra, de mármore, no ginásio da cidade.

A história não conta se Promachos casou-se com a jovem, mas evidencia o mérito de um treinador, que soube usar o amor para conduzir seu atleta à vitória.

Pelo importante papel que os ginastas desempenharam na vida esportiva da Grécia, muitos tiveram estátuas erigidas no Bosque Sagrado, onde os atletas tornaram público o agradecimento pelos ensinamentos que haviam recebido.

O grupo de treinadores dos ginásios era completado pelos preparadores de corridas e preparadores de luta.

> "(...) O amor nada dá, senão de si próprio
> E nada recebe, senão de si próprio
> O amor não possui, nem se deixa possuir
> Porque o amor basta-se a si mesmo (...)".
>
> *Gibran Khalil Gibran*

DINASTIAS DIVINAS
A IMORTALIDADE DOS DEUSES

O Universo cósmico e toda a sua criação representavam o cenário onde o mito se desenrolava.

Os deuses, personagens centrais, entravam em cena no momento em que a razão precisava de argumentos lógicos, para justificar a evidência dos fatos.

Os fenômenos da Natureza e da vida encontravam respostas nas histórias sobre divindades que amavam, casavam, traíam, protegiam, perseguiam, vingavam, ajudavam, invejavam, castigavam. Todos os acontecimentos e emoções que impulsionam os humanos povoavam o mundo divino. Os dois planos eram iguais, mantida a distância que deve separar inferiores de superiores. Segundo os helenos, os deuses foram os primeiros habitantes da Grécia, que desceram à Terra para transmitir seus conhecimentos aos humanos.

Para os gregos, os deuses eram seus semelhantes mas possuíam um predicado que faltava aos homens – a imortalidade. Surgiram por meio de três dinastias divinas, personificavam qualidades e defeitos dos mortais e a eles podiam unir-se. Os filhos dessas uniões estavam colocados acima dos homens, ocuparam lugar de destaque nas histórias gregas e deram mais colorido à mitologia.

As divindades estavam classificadas em Primordiais, das Águas, Siderais, dos Ventos, Superiores e Alegóricas.

IMORTALIDADE:

Se para os gregos os deuses eram seus semelhantes, porém imortais, atualmente a imortalidade é objeto de discussões, aceita por alguns e rejeitada por outros.

O AMOR UNIVERSAL – As divindades Primordiais atuavam como forças responsáveis pela criação do mundo. Dentre elas destacavam-se Gaia, a Terra e Urano, o Céu, que representavam a primeira forma de criação. Envolvida pela ação de Eros, o Amor Universal, Gaia uniu-se a Urano, gerou muitos filhos e toda a família deu origem à Primeira Dinastia Divina, também chamada Dinastia Uranida.

As divindades Primordiais existiam para informar sobre a origem e evolução do Universo. Delas, possivelmente, os primitivos rendessem culto a Eros, como elemento fecundante e a Gaia, a Grande Mãe Terra, que era festejada como símbolo universal da fecundidade e como profetisa. Consta que o oráculo de Delfos foi propriedade de Gaia antes de pertencer a Apolo.

Cronos, o Tempo, era filho de Urano e Gaia. Incentivado pela mãe enfrentou o pai, tirou-lhe o poder e ocupou seu lugar no Universo. Desposou Reia e, dessa união, nasceram Poseidon, Hades, Zeus, Héstia, Deméter e Hera. Eles representavam a Segunda Dinastia Divina ou Dinastia Cronida.

Zeus, filho mais jovem de Cronos, auxiliado por Poseidon e Hades, enfrentou o pai em uma luta que durou dez anos. Vitoriosos, repartiram o Universo entre si. Coube a Zeus o domínio sobre o Céu e a Terra. Uniu-se a Hera, tornou-se dono e senhor do Olimpo e, assim, teve início a Terceira Dinastia Divina ou Era Olímpica por excelência.

O AMOR:

Uma das versões sobre Eros informa que ele é a força atraente, irresistível, germe de todas as coisas e que surge como princípio de vida.

E, na realidade, não é o amor o moto gerador de tudo? O amor pelo esporte é responsável pelo surgimento de um grande atleta; pela literatura, de um escritor; pela música, de um maestro, um cantor, ou um pianista e, assim, sucessivamente. Se uma tarefa é difícil, mas for executada com amor, o fardo será mais leve. O amor é um sentimento nobre, que merece ser cultivado, festejado, doado, disseminado, exaltado, para tornar o mundo melhor.

Romanos, 13:10 – "O amor não faz mal ao próximo. De sorte que o cumprimento da lei é o amor".

OLÍMPICOS, OS SUPERIORES
ZEUS, O SENHOR DO OLIMPO

Os deuses Olímpicos eram:

ZEUS	o deus supremo, maior divindade do Olimpo.
POSEIDON	senhor dos mares, filho de Cronos e Reia.
APOLO	deus da luz e das artes, filho de Zeus e Leto.
HEFESTOS	deus do fogo, ferreiro e artesão divino. Hera gerou-o sozinha para vingar-se das traições de Zeus.
HERMES	deus dos ventos e mensageiro divino, filho de Zeus e Maia.
ARES	deus da guerra, filho de Zeus e Hera. Consta que, por causa do seu temperamento briguento, foi expulso do Olimpo.
DIONISO	deus do vinho, filho de Zeus e Sêmele. Uma versão bem aceita diz que, mais tarde, obteve o direito de viver no Olimpo.
HERA	esposa de Zeus, reinava com ele sobre o Olimpo.
HÉSTIA	protetora do lar, era a mais velha dos filhos de Cronos e Reia.
ATENA	deusa da guerra e da sabedoria, era filha de Zeus e Métis, a Prudência.
DEMÉTER	deusa da terra cultivada, era filha de Cronos e Reia.
ÁRTEMIS	deusa da Lua e da caça, irmã gêmea de Apolo, Filha de Zeus e Leto.
AFRODITE	deusa do amor e da beleza, nasceu da espuma que se formou no mar, quando sobre ele caíram as partes mutiladas de Urano.

Essas eram as divindades chamadas Superiores, que formavam o Conselho ou Assembleia do Olimpo.

FIRME FUNDAMENTO:

Por assim acreditarem, os gregos confirmavam e fortaleciam sua fé nos deuses olímpicos. E como consta em Hebreus, 11:1 – "Ora, a fé é o firme fundamento das coisas que não se veem".

E o que seria da fé, se as pessoas não acreditassem no inacreditável? Ela sobrevive porque não necessita de prova material para existir.

OS PRIMEIROS RAIOS DE SOL – "Olimpo" era o nome de vários montes da Grécia. O mais célebre possuía quase 3.000 metros de altura, era considerado morada dos deuses e situava-se ao norte de uma região chamada Tessália. Os primeiros raios de sol o iluminavam e à noite permanecia brilhando, enquanto ao seu redor tudo já se encontrava mergulhado em sombras. Era o último ponto atingido antes de o Sol desaparecer.

O monte Olimpo parecia ser o local ideal para os deuses ficarem escondidos dos olhos dos mortais. Eles residiam em ricos palácios construídos no cimo enevoado, de onde desciam para exercer funções educacionais e socializadoras entre os humanos. Alimentavam-se de néctar e ambrosia, iguaria feita à base de mel, que concedia imortalidade aos deuses e juventude eterna aos homens.

Uma espécie de apelido ou sobrenome denominado "Epíteto" identificava a função ou manifestação pela qual a divindade estava sendo invocada ou reverenciada. Enquanto Zeus Xênios era protetor de hóspedes e estrangeiros, o Zeus Ktésios proporcionava riqueza. Afrodite Urânia, "a celeste", protegia o amor puro e idealista. Porém, Afrodite

Pândemos, "de todo o povo", cuidava do amor sensual e venal. Hermes Empolaios presidia o comércio e Hermes Trimegisto era "três vezes santo".

Ao lado dos deuses olímpicos havia figuras tradicionais chamadas heróis ou semideuses os quais, graças a feitos extraordinários, conquistaram o direito de viver no Olimpo. Pelo nascimento se diferenciavam dos homens comuns, pois, na maioria, eram filhos de uma divindade e um mortal. Os heróis entravam no palácio de Zeus pela Via Láctea, ou seja, "Caminho do Leite".

JOGOS PÚBLICOS
TEMPO DE PAZ

Durante vários séculos os helenos cultuaram a beleza e o esforço físico para homenagear as divindades, acreditando que assim teriam proteção. Periodicamente, os gregos dirigiam-se para os diversos locais onde a veneração aos deuses e heróis era mais expressiva e participavam de disputas esportivas.

Aos poucos a organização dos eventos foi sendo aperfeiçoada e proporcionou a expansão dessas cerimônias. Por volta do século VI a.C. surgiram os Jogos Públicos. Possuíam data fixa, lugar determinado para a realização e caráter fundamentalmente religioso.

Os Jogos Públicos interromperam guerras, aproximaram povos e originaram um expressivo número de obras famosas nas artes plásticas e literárias.

Sem dúvida, o aspecto mais positivo das competições esportivas da antiga Hélade foi a paz que reinou entre as "poleis" gregas, durante as celebrações dos Jogos Públicos.

Não há o que temer:

Não há bem mais precioso do que a paz. E a mais gratificante de todas é a paz de espírito. Paz que se conquista com a consciência do dever cumprido, com a honestidade, com o trabalho e o bem que se possa produzir para si e para o semelhante, com a análise diária da autoexame de procedimentos morais.

Paz que também se conquista com a confiança na vida, entendendo que a vida conspira em favor próprio. Portanto não há o que temer. É preciso confiar, amar e prosseguir.

JOGOS FÚNEBRES
PARA HONRAR PÁTROCLO

São considerados os mais antigos de todos os jogos gregos. Homenageavam os mortos e, possivelmente, aí estejam as raízes dos Jogos Olímpicos. Abrangiam completo programa esportivo, incluindo duelo, corrida de carros, de cavalos etc.

Na *Ilíada*, Homero escreveu bela página relacionada aos Jogos Fúnebres da Élida. Eram celebrados em honra a Pátroclo, herói da guerra de Troia, que lutou junto com seu amigo Aquiles.

Nas batalhas Pátroclo destruiu muitos adversários, mas ao tentar atingir o carro de Heitor, este o matou. Em torno do corpo travou-se uma batalha. Aquiles vingou o amigo. Matou Heitor e, em seguida, arrastou o corpo em torno de Troia. Os funerais de Pátroclo foram realizados com grande pompa e marcados pelo sacrifício de doze jovens troianas. Houve, também, jogos e disputas entre todos os chefes gregos.

O vencedor dos Jogos Fúnebres era coroado com um ramo de oliveira silvestre. Essa árvore exerceu grande influência nas crenças, usos e costumes dos gregos.

RESPEITO E GRATIDÃO:

Se a homenagem aos mortos era processada na Grécia, também por meio de jogos esportivos, muitos outros povos, antigos e da atualidade, continuam reverenciando os antepassados, por meio de diversos rituais. Afinal, somos o que somos, porque eles foram o que foram. Eles abriram os caminhos, aperfeiçoaram métodos e sistemas, inventaram objetos e aparelhos que facilitaram as tarefas, ajudando a promover melhor qualidade de vida. Devemos, aos que vieram antes de nós, respeito e gratidão.

A OLIVEIRA SAGRADA
UM PRESENTE DIVINO

A oliveira era considerada árvore da civilização, da vitória e da paz. Os gregos acreditavam que a árvore possuísse uma alma ou, até, significação sagrada.

Um dos mitos assegura que ela foi introduzida entre os gregos por Atena, deusa da sabedoria. Ela e Poseidon, deus do mar, lutaram obstinadamente pelo domínio de determinada região da Ática. Seria vencedor aquele que criasse algo de maior utilidade para os humanos.

Poseidon bateu o tridente no chão. Da rocha da Acrópole surgiu um esplêndido cavalo e brotou uma fonte de água salgada. Com rapidez, Atena domou o cavalo e feriu a terra com a ponta da sua lança. Na pedra nua cresceu uma oliveira que adquiriu farta folhagem.

Deuses e mortais reconheceram no presente de Atena a criação mais valiosa. Além de os frutos servirem de alimento, diz o mito que foi a própria deusa quem ensinou os gregos a prepararem o azeite. Poseidon considerou-se vencido.

Em homenagem à deusa, a cidade recebeu o nome de Atenas e tornou-se a mais importante da Grécia Antiga. Essa era a oliveira sagrada de Atenas, que sobreviveu a todos os ataques feitos à Acrópole.

Os ramos de oliveira, além de servirem para coroar vencedores de alguns importantes jogos gregos, eram oferecidos, também, aos assassinos que deveriam ser purificados.

JOGOS PÍTICOS
APOLO, O DEUS DA LUZ

Zeus não resistia a uma bela mulher. Ao sentir-se atraí-do, usava diversos recursos para conquistá-la. A ciu-menta Hera, inconformada com as traições, perseguia e torturava as amantes do marido. Por ter-se unido ao senhor do Olimpo, assim aconteceu com Leto. Gráv-da, andou muito à procura de um lugar onde os filhos de Zeus pudessem nascer. Não o encontrava, porque Hera prometera punir a quem ajudasse a jovem.

Poseidon, penalizado, escolheu Ortígia, rochedo flutuante e árido. Fixou-o no mar, para que a pobre Leto pudesse ser recolhida com segurança. Em um difícil parto, aí nasceram Apolo e sua irmã gêmea Ártemis. A partir de então, o rochedo Ortígia trans-formou-se na ilha de Delos, "a brilhante", de solo fértil, repleto de plantas e flores. O milagre aconteceu, porque o deus que acabara de chegar, trazia consigo as mais diversas manifestações de vida.

Apolo possuía grande beleza e era cultuado por vários motivos. Seus atributos eram a lira, o arco, as flechas, a aljava – bolsa onde as flechas eram guardadas e a trípode – banco de três pés, onde suas sacerdotisas sentavam-se para proferir oráculos.

Os artistas selecionavam os mais perfeitos traços dos jovens gregos e, com eles, compunham as estátuas de Apolo, o belo deus da flecha de prata, que foi cantado em verso e imortalizado pelo cinzel dos escultores. Das várias manifestações a ele conferidas, a mais expressiva era desvendar os desígnios do Destino, divindade implacável, com poder sobre todas as coisas que existiam no mundo.

ACEITAÇÃO:

As decisões do Destino deviam ser aceitas por homens e deuses. Rebelar-se não adiantava. A revolta servia para maltratar o homem e aumentar suas penas. Tanto assim, que os gregos antigos diziam: "O Destino embala quem o segue e arrasta quem o negue".

A PASSAGEM PELO MUNDO DOS MORTAIS – As determinações do Destino eram cumpridas pelas três Moiras. Elas passavam o tempo trabalhando e tinham funções definidas.

A mais jovem era Cloto, "a Fiandeira". Junto com a roca tecia o fio da vida a partir do nascimento do homem. Láquesis, "a Fixadora", manejava o fuso, enrolava o fio, definindo-lhe o tamanho e os acontecimentos que marcariam a passagem do homem pelo mundo dos mortais. De acordo com os próprios méritos ele encontraria na sua vida terrena alegrias ou tristezas, bens ou males, fartura ou privações. Átropos, a terceira Moira, executava um trabalho que não podia ser evitado. Munida de uma tesoura infalível, cortava o fio da vida no momento exato em que deveria terminar a permanência do homem na Terra.

O trabalho das Moiras podia não agradar aos humanos, mas elas cumpriam as ordens do Destino com seriedade e precisão. O aspecto que mais as caracterizava era a imparcialidade. Na hora de agir não havia diferença entre rico e pobre, feio e bonito, senhor e escravo, vencedor ou derrotado...

As leis estabelecidas pelo Destino estavam gravadas em um livro e eram reveladas pelos Oráculos, que representavam "a resposta dos deuses às questões que lhes eram dirigidas". A crença nos Oráculos era muito forte entre os gregos. Tudo era motivo para ouvir os deuses: declaração de guerra, assinatura de acordos pacíficos, estabelecimento de alianças, casamentos, promulgação de éditos etc.

As previsões favoráveis levavam o indivíduo a agir com muito mais confiança e vigor. Sabia que sua intenção fora aprovada pelos céus. As perguntas difíceis originavam

UMA RESPOSTA:

Em todos os tempos, sobre a interferência do divino na vida humana, houve tentativas e crenças. Elas se manifestaram de diferentes formas e métodos, com ou sem misticismo, a depender da cultura de cada povo e mesmo em virtude de suas tradições e costumes.

Todavia, o contato com o divino, com o imortal, está entre as aspirações do ser humano, que busca por meio de gestos, preces ou oferendas, uma resposta às suas dúvidas e aflições. O tema é tão importante e presente que filmes, novelas e peças teatrais, além da própria imprensa, o exploram. É que a imortalidade e a busca do transcendental estão na própria natureza do ser humano que, ainda que de diferentes maneiras e em diversos graus, pode perceber e sentir essa realidade.

respostas dúbias, mas a credulidade dos fiéis aceitava as mensagens, sempre, como a voz do próprio deus.

Nos templos Oráculos, onde era praticada oficialmente a adivinhação, havia três elementos essenciais: um deus inspirador, um sacerdote para transmitir a inspiração divina e um lugar determinado para cumprir a tradição.

DIANTE DA LUZ − As Sibilas, mulheres versadas na arte de adivinhar, ficavam nos templos Oráculos. Em grego dórico, "sibila" significa "vontade de Zeus", porque, de início, elas foram sacerdotisas do "Senhor do Olimpo". Mais tarde o trabalho tornou--se extensivo às outras divindades.

Como deus da luminosidade, Apolo era eficaz na leitura dos livros do Destino. Afinal, "diante da luz não podem existir mistérios".

Dos vários templos espalhados pela Grécia e destinados a Apolo, o maior e mais famoso estava situado em Delfos. Foi edificado no local onde, após o nascimento, Apolo matara a serpente Pitão. A comemoração ao fato conferiu às sacerdotisas do Oráculo de Delfos a denominação de "pítias" ou "pitonisas", que só podiam ser consultadas durante um mês no ano, perto da primavera. Um grande número de pessoas, das mais variadas condições sociais, econômicas e de poder político iam consultar Apolo, levavam belos animais e faziam ricas oferendas à divindade. Dos animais oferecidos para sacrifício, as entranhas eram examinadas para fins adivinhatórios. Uma parte do corpo era queimada e o resto entregue ao ofertante e à sua comitiva.

Por sua expressão religiosa, o templo de Delfos era sustentado por uma liga de cidades-Estados. O regulamento que a regia impedia a pirataria e guerra entre cidades e membros associados. Entre outras atribuições, a Liga era responsável pela segurança do templo, preservação dos caminhos que a ele convergiam e proteção dos peregrinos nas festas mais importantes. Uma delas eram os Jogos Píticos. Realizavam-se em Delfos para homenagear Apolo e foram os mais populares da Grécia.

SEMPRE A TENTAÇÃO:

Consta que, de início, eram escolhidas jovens muito bonitas para exercerem a função de pítias. Certo dia os sacerdotes não resistiram à beleza de uma jovem e a raptaram. A partir daí, passaram a ser selecionadas mulheres mais velhas e menos atraentes, para que o fato não se repetisse.

Esse fato, se verdadeiro, evidencia que, não importa época, lugar ou função, a tentação sempre estará rondando o ser humano.

De início eram promovidos de oito em oito anos. A partir de 582 a.C. passaram a ser quadrienais. Quase todas as cidades gregas enviavam seus representantes para participarem de procissões solenes, ritos religiosos, concursos de música e poesia. Mais tarde foram incluídas as tragédias e comédias. No início do século V a.C. passaram a

É MELHOR NÃO SABER:

A arte ou dom da busca do futuro, nas adivinhações ou previsões, é outra constante procura nesse anseio de conhecimento. Nem sempre confiáveis, mas variáveis em função do caráter e do estágio de conhecimento, as previsões ocuparam e ocupam a mente humana, igualmente na busca de respostas e em virtude dessa incrível capacidade que o ser humano possui de pesquisar... Para entender.

Porém, há uma ressalva, porque toda moeda possui duas faces. É preciso saber em quem confiar. As previsões agradáveis provocarão alegria, confiança, bem-estar. Mas as previsões incorretas, ou de mau agouro, poderão causar sérios danos morais e materiais. Talvez por isso tenha sido criado o adágio: "Não perguntes... É melhor não saber".

ser promovidas as provas atléticas e os Jogos Píticos transformaram-se em um certame religioso-artístico-esportivo de grande esplendor.

Um esplendor digno do luminoso Apolo, o mais querido entre todos os deuses gregos.

JOGOS NEMEUS
TENDÊNCIA PARA O SAGRADO

Alcmena era casada com Anfitrião, rei de Tirinto. Certa vez, quando ele estava guerreando, Zeus adotou seus traços e características, para conquistar a bela Alcmena. Chegou com alegria e, entre carinhosos afagos, contou-lhe histórias da guerra que acabara de vencer. Imaginando tratar-se de Anfitrião, seu marido, Alcmena entregou-se ao amor, sem saber que se tratava do insaciável Zeus.

Dessa união foi gerado um filho, que nasceu em difícil parto. Sabendo que, quando não conseguia impedir o nascimento das crianças, Hera as maltratava impiedosamente, Alcmena concluiu que precisava afastar-se do bebê. Abandonou-o, então, em uma planície, junto a uns arbustos, rogando aos deuses para protegê-lo.

Forma-se a Via Láctea – Hera e Atena, que passeavam pela região, encantaram-se com o recém-nascido. Atena sabia que era um filho de Zeus e sabia também o que precisava ser feito para torná-lo imortal – ser amamentado por uma deusa. Por isso, sugeriu a Hera que desse de mamar ao pequeno. Carinhosamente, a rainha do Olimpo segurou a criança, acomodou-a nos braços e ofereceu-lhe o seio que foi sugado com violência. Pela dor que sentiu, Hera rejeitou o bebê e o leite que escorreu do divino seio elevou-se para, no céu, formar o "Caminho do Leite" ou Via Láctea.

Atena pegou o pequeno, devolveu-o para a mãe e a ciumenta Hera não tardou a iniciar a sua perseguição. Enviou duas enormes serpentes para que o matassem enquanto dormia. Embora estivesse com apenas oito meses, o menino possuía uma força extraordinária e estrangulou-as com facilidade. Durante muito tempo, criado por Anfitrião, sua vida correu tranquila. Mas o futuro o aguardava com dolorosas surpresas. Adulto, uniu-se a Mégara e teve três filhos, os quais matou num acesso de loucura, provocado por Hera.

Uma versão diz que, originalmente, o filho de Zeus e Alcmena chamava-se Alceu ou Alcides. Para saber qual penitência deveria cumprir, a fim de redimir-se do assassinato dos filhos, foi consultar o Oráculo de Delfos. A pitonisa informou que ele era um eleito e, para mudar o destino, precisava trocar de nome. A partir daquele momento deveria chamar-se "Héracles", que quer dizer "tendência para o sagrado" ou "glória de Hera". Foi assim que surgiu Héracles, inegavelmente, o maior dos heróis gregos.

Apolo disse-lhe, também, que para se purificar dos crimes cometidos deveria submeter-se a Euristeu, seu primo e rei de Argos. Por imposição dele, durante doze anos, o herói teve de cumprir difíceis tarefas que ficaram conhecidos como os "Doze Trabalhos de Héracles".

O primeiro trabalho imposto foi o combate ao leão de Nemeia, uma região da Argólida. Considerado invulnerável e invencível, o leão devorava os habitantes e rebanhos da cidade. Héracles encurralou-o no esconderijo e, a seguir, estrangulou-o. Utilizando as próprias garras da fera esfolou-a e vestiu-se com sua pele. Da cabeça fez um capacete e dirigiu-se a Micenas. Para perpetuar a façanha do herói, Zeus transformou o leão de Nemeia em uma constelação.

A vingativa Hera continuava perseguindo Héracles, mas ele contava com Zeus para protegê-lo. Além da execução dos Doze Trabalhos, participou de inúmeras outras aventuras que o colocaram em posição muito destacada dentro da mitologia grega. As tarefas o purificaram e ajudaram-no a merecer a imortalidade.

Os jogos Nemeus eram realizados em honra a Héracles, a cada dois anos, na Floresta Sagrada de Nemeia. Lá ainda existem colunas do templo do herói. Erguem-se sobre o santuário onde foram descobertas salas de banho e uma espécie de hotel com restaurante para atletas e espectadores. Arqueólogos descobriram paredes de um túnel de 40 metros de comprimento que servia de entrada para o estádio. Nas paredes, além de desenhos, estão gravados nomes dos vencedores das provas realizadas em 340 a.C. e a palavra "Niko", que significa "Eu ganho".

DISFARCE E MENTIRA:

Pode parecer estranho Zeus ter assumido os traços de Anfitrião, para conquistar Alcmena. Os mitos gregos mencionam com frequência a metamorfose dos deuses, para lograrem êxito nas conquistas amorosas. Porém, quantas pessoas também usam o subterfúgio do disfarce e da mentira, para enganar? A vida está repleta de exemplos como esse.

E, no mito de Héracles, surge uma vez mais, a influência grega no idioma português. Anfitrião é sinônimo de dono da casa, aquele que recebe convidado. Nesse mito é provável que, por evidenciar-se como traidor, Zeus, o convidado, não tenha sido muito bem recebido, nem festejado por Anfitrião, o dono da casa. Fato esse que também acontece na vida real.

JOGOS ÍSTMICOS
O TRIDENTE COMO CETRO

Findos os combates contra Cronos, Poseidon, Hades e Zeus repartiram o Universo entre si. Hades tornou-se senhor das terras subterrâneas chamadas Infernos, lugar para onde as almas se dirigiam e permaneciam após a morte. Zeus ficou com o Céu e a Terra.

A Poseidon coube o domínio sobre o reino marinho. Tornou-se o deus dos oceanos, maremotos e terremotos. Mas sua função não constava apenas do domínio das ondas.

Era o Senhor das trevas e das forças ocultas. Provocava tempestades, abalava rochedos, fazia brotar fontes e dominava as águas, podendo acalmá-las ou agitá-las com um simples movimento de suas mãos.

Poseidon não habitava o Olimpo como os demais deuses Olímpicos. Residia no fundo do mar, em lindo e tranquilo palácio. Governava seu império com calma, serenidade e tinha conhecimento de tudo que acontecia, desde as profundezas do mar à superfície das ondas.

Representado empunhando o poderoso tridente, como se fosse um cetro, dirigia um carro puxado por cavalos brancos e cercado por seres marinhos de variadas espécies. Para conquistar o amor de deusas e mortais, a exemplo do irmão Zeus, o poderoso Poseidon metamorfoseava-se em touro, carneiro, pássaro, cavalo, delfim ou mesmo em rio. Muito cultuado na Grécia, principalmente nas ilhas e ao longo do litoral, possuía templos erigidos próximos do mar. Um dos mais bonitos localizava-se no cabo Sunion, na Ática.

IR A CORINTO – Em honra a Poseidon, a cada dois anos, eram promovidos os Jogos Ístmicos, que tiveram extraordinária importância e esplendor. Eram os jogos solenes da Grécia e realizavam-se no istmo do Corinto, ponto de ligação entre a Grécia continental e o Peloponeso.

Esses torneios recebiam grande número de participantes e espectadores, pois Corinto era um dos mais importantes centros comerciais e de diversões daquele tempo. Os prazeres de Corinto eram caros e havia, inclusive, um provérbio a esse respeito. Os gregos costumavam falar: "Não é dado a todos ir a Corinto", provavelmente, referindo-se às pessoas que não conseguiam tudo que almejavam.

Não há informações sobre a data em que os Jogos Ístmicos começaram a ser disputados, nem referência sobre administração, organização ou esportes praticados. Porém, desenhos da época levam a crer que eram disputadas provas atléticas, hípicas, musicais, literárias e náuticas. A partir de 580 a.C. os concursos de poesia e música passaram a ser acessíveis também às mulheres. Em um dos jogos, Píndaro foi derrotado cinco vezes pela poetisa Corina.

Os vencedores dos Jogos Ístmicos recebiam como prêmio uma palma e coroa de folhas de pinheiros.

SÓCRATES DIZIA: "Uma vez igualada ao homem, a mulher torna-se seu superior". Na oportunidade que teve, nos Jogos Ístmicos, Corina, uma mulher, conseguiu vencer.

PANATENEIAS
A MAIS SÁBIA DAS DEUSAS

Atena era deusa da guerra, da justiça, da inteligência, da equidade e da sabedoria. Representante da luta racional e justa, defendia ideais elevados e preservava a paz.

Era a mais sábia das deusas, porque usava com equilíbrio a prudência e a força, a bravura e a bondade. Foi invocada como divindade agrícola, deusa da inteligência e do trabalho criativo. Inventou a flauta e, por suas extraordinárias habilidades manuais, ensinou aos homens as técnicas dos ofícios masculinos e às mulheres trabalhos delicados como bordar, tecer e fiar.

VIRTUDES:

"Atena usava com equilíbrio a prudência e a força, a bravura e a bondade." As virtudes são patrimônios da alma e o ideal é que sejam aprimoradas com persistência e determinação.

Considerando-se apenas a prudência e a bondade, a primeira é indício de discernimento, análise, uso da experiência de vida, indicando passos que respeitem a realidade, o histórico de fatos e circunstâncias, ainda que em casos imprevistos.

Para os romanos, a prudência era representada como uma mulher de duas faces. Uma olhando o passado, outra o futuro. Com isso, eles pretendiam mostrar que as experiências do passado não devem ser esquecidas. Deverão ser lembradas, para definir o caminho a seguir no futuro.

Já a bondade é indicação clara de grandeza d´alma. Ela é capaz de sensibilizar, de conquistar, de perdoar, de ajudar, de neutralizar danos, de impedir tragédias e, principalmente, capaz de construir harmonia. Somente ela socorre, atende, procura.

Eis as sementes a serem cultivadas nos corações da infância e da juventude.

Os gregos diziam: "Contra Atena, nada se pode", porque a sabedoria e a justiça são mais poderosas que a violência. Em homenagem à deusa, foi construído o Partenon, um dos mais belos templos da Grécia. Era lá que estava a notável estátua de Palas Atena, ou Atena Partenos, esculpida por Fídias. Com cerca de 12 metros de altura, a deusa apresentava-se com todos os seus atributos. Elmo dourado, armadura, pele de marfim[4], vestes de ouro e olhos formados por duas esmeraldas.

---

[4] Era um aestátua criselefantina – de ouro e marfim. Provavelmente em placas.

UMA PROCISSÃO SOLENE – Para homenagear Atena eram realizadas as pequenas e grandes Panateneias. As primeiras eram anuais e as segundas, mais importantes, eram promovidas a cada quatro anos.

As mais hábeis fiandeiras, tecelãs e jovens de tradicionais famílias atenienses bordavam um rico manto que, no dia da cerimônia de abertura, era levado à divindade em solene procissão. As mulheres carregavam cestos com utensílios para os sacrifícios. Os rapazes, vasos com óleo e vinho e os velhos, ramos de oliveira.

Durante o cortejo eram promovidos cantos alternados por indivíduos de diferentes idades. Contam os autores que os mais velhos falavam:

"Fomos, em tempos passados, Novos, fortes, arrojados".
Os indivíduos maduros respondiam:
"Nós o somos ainda agora, Em todo lugar e hora".
Finalmente, com entusiasmo e vibração, os jovens concluíam:
"E nós um dia o seremos, E a todos vós ultrapassaremos...".

Além dos sacrifícios e ritos religiosos, nas grandes Panataneias era promovido concurso de beleza para escolher o efebo mais forte e mais belo, eventos artísticos, náuticos, hípicos, atléticos e de ataque e defesa.

No torneio hípico era disputada uma prova perigosa. O carro transportava dois aurigas. Enquanto um deles conduzia o veículo, o outro saltava para fora e para dentro do carro, com os cavalos a todo galope. Esse evento está registrado em escultura que ornamenta um dos frisos internos do Partenon.

Aos vencedores eram outorgados prêmios de 300 e 200 dracmas, respectivamente, para o 1.º e 2.º colocados. Os vitoriosos nas lutas e eventos atléticos recebiam diversas ânforas contendo azeite extraído dos frutos da oliveira sagrada, considerada proprie-dade de Atena.

Incluía o programa de atletismo uma prova de revezamento chamada "lampadodro-mia" ou "corrida das tochas". Cada equipe era formada de 40 atletas, dispostos a 25 metros uns dos outros. Cobriam a distância que ia da muralha da cidade ao altar de Prometeu, titã que roubou o fogo do céu, para entregá-lo aos humanos. A tocha pas-sava de mão em mão, a chama não podia se apagar e vencia a equipe que conseguisse acender a fogueira colocada no marco de chegada.

SUNTUOSA PRAÇA DE ESPORTES − Em 380 a.C., Licurgo, político ateniense, iniciou em Atenas a construção do estádio Panatenaico, com forma de ferradura alongada, para que lá fossem realizadas as Panateneias. Os espectadores sentavam-se nas colinas adjacentes e somente os que desfrutavam do direito de preferência, ocupavam lugares especiais. No século II da nossa Era, Herodes Ático mandou reconstruí-lo. Revestiu-o com material extraído do Pentélico, monte célebre pelo mármore branco, que foi mui-to usado nos monumentos de Atenas. Construiu no estádio arquibancadas que chega-ram a abrigar 50.000 pessoas, rodeou-o de pórticos, templos e outras obras artísticas.

Essa reconstrução transformou o estádio de Atenas na mais suntuosa praça de es-portes do mundo antigo e, mesmo, moderno.

JOGOS HERANOS
HERA, A RAINHA DO OLIMPO

A festa das núpcias entre Zeus e Hera realizou-se na ilha de Creta. Após o casamen-to, junto com o marido, Hera passou a reinar no Olimpo, onde era a mais respeitada das deusas. Encarnava a esposa universal, era modelo de virtudes e foi adorada como protetora das esposas e mães. A "deusa dos grandes olhos" era fiel a Zeus e jamais cedeu ao assédio dos admiradores. De caráter irrepreensível, sentia declarada aversão pelas mulheres levianas e inconsequentes.

A deusa era representada como uma bela mulher, jovem, casta e austera, vestindo longa túnica e um véu. A cabeça era adornada por um diadema e trazia na mão um cetro encimado por um pássaro e uma granada. Esta pedra simboliza o amor e fidelidade conjugais. O pássaro consagrado à deusa era o pavão.

A FIDELIDADE:

Os gregos admiravam a fidelidade de Hera. Trata-se, realmente, de um sentimento louvável. Não apenas na vida conjugal, mas no sentido mais amplo que a expressão possa ter. A fidelidade, seja à família, à profissão, à pátria, às próprias crenças e especialmente aos amigos, constitui valor dos mais preciosos. A fidelidade conquista e aproxima, porém, mais do que isso, inspira credibilidade.

NO MÊS DA VIRGEM – Os Jogos Heranos, destinados apenas às mulheres, homenageavam a esposa de Zeus e eram realizados no mês da virgem – junho ou julho atuais. As 16 sacerdotisas de Hera eram responsáveis pela organização e administração do evento. Também conduziam a prova esportiva, presidiam os ritos religiosos e, a cada cinco anos, teciam o véu consagrado à deusa.

Era disputada apenas uma corrida de 162 metros e dela participavam, exclusivamente, as jovens da cidade de Elis. Corriam descalças, com os cabelos soltos e usavam uma pequena túnica que deixava a descoberto o ombro e o seio direito. A vencedora recebia uma coroa de oliveira selvagem e uma porção de carne de vaca sacrificada à deusa. Segundo Pausânias, se poderia também mandar erigir uma estátua em seu nome.

Embora fosse realizada apenas uma corrida nos Jogos Heranos, em algumas regiões da Grécia as mulheres dedicavam-se a outros eventos esportivos. Inicialmente, participavam das atividades completamente despidas. Com o tempo adquiriram o hábito de se cobrir. Foram encontrados mosaicos reproduzindo jovens usando o equivalente a maiôs de duas peças e participando de esportes diversos.

Segundo Plutarco, a atividade física ajudava as mulheres a terem filhos vigorosos.

OLÍMPIA, A CIDADE-SEDE

JOGOS OLÍMPICOS
Esplendor destinado a Zeus

Em Dodona, uma cidade do Épiro, localizava-se o mais famoso Oráculo de Zeus, onde as informações divinas eram transmitidas em um bosque de carvalhos. O vento que sussurrava por entre os ramos das árvores, representava a voz do deus. As sacerdotisas decifravam as mensagens e, a seguir, informavam aos consulentes.

Zeus, o deus dos conselhos prudentes, imagem da justiça e da razão, da ordem e da autoridade, era depositário das leis do mundo e o Pai Universal. Os

gregos diziam que quando Zeus franzia o cenho, o Olimpo tremia. Embora fosse considerado terrível e vingador, podia ser ao mesmo tempo bondoso e paternal. O único ponto fraco de Zeus eram as paixões amorosas.

Um dos privilégios dele era poder governar tendo as três Cárites sempre ao seu lado. Elas representavam o Nobre, o Belo e o Bom.

A intenção dos devotos e a região onde se processava o culto, podiam provocar modificações na imagem do deus. Na Lacedemônia, Zeus possuía quatro orelhas, para provar que ouvia todas as preces. Na ilha de Creta, para caracterizar sua imparcialidade, era representado sem orelhas.

Um homem maduro, de aspecto majestoso e austero era sua representação mais corrente. Com barba e abundante cabeleira, era coroado com folhas de carvalho. A mão direita segurava o raio e a esquerda, a deusa Vitória.

Para homenagear Zeus eram promovidos os Jogos Olímpicos a cada quatro anos, em Olímpia, local onde o deus era especialmente venerado.

Da mesma forma que o poderoso Zeus era o supremo rei do Olimpo, os Jogos Públicos a ele dedicados eram os mais importantes de todos os confrontos esportivos realizados na Grécia Antiga. Representaram a expressão máxima do esplendor alcançado pela educação física na Antiguidade e, sem interrupção, foram realizados durante doze séculos.

Tiveram maior destaque pelo expressivo número de participantes, de espectadores, pela grande repercussão político-religiosa e por encerrarem elevado espírito unificador.

O MAIOR CONFRONTO:

Os Jogos Olímpicos representam o maior confronto esportivo de todos os tempos, considerando-se tanto os disputados na Grécia Antiga, como os que são promovidos na Era Moderna.

ORIGEM E VERSÕES
O PELOPONESO

Na história da Grécia lenda e realidade se confundem, gerando pluralidade de versões. Por isso é impossível precisar quando e por que os Jogos Olímpicos foram instituídos, pois várias histórias são contadas. Porém, as versões mais correntes são:

• Os Curetas, cinco irmãos – sacerdotes que viviam no monte Ida, em Creta –, instalaram-se em Olímpia. Heracles, o mais velho, para homenagear Zeus, propôs como brincadeira uma corrida a pé entre seus quatro irmãos, coroando o vencedor com um ramo de oliveira selvagem. Assim, coube a Héracles de Ida a honra de ter instituído os Jogos, estabelecendo sua periodicidade para cada quatro anos. Isso teria ocorrido entre 2.500 e 2.300 a.C.

• A cidade de Elis perdeu a supremacia sobre Olímpia, que passou à autoridade de Enomao, rei de Pisa. Uma pitonisa anunciou-lhe que seria destronado e morto pelo pretendente de sua filha Hipodâmia. Para que a previsão não se concretizasse, ele convocava todos os candidatos para uma corrida de carros que ia do altar de Zeus em Olímpia ao de Poseidon em Corinto. Há referências de que matou 13 concorrentes e era considerado imbatível.

Certo dia apresentou-se Pélope, filho legítimo do rei da Frígia, embora filho natural de Poseidon. Na véspera da corrida, à beira-mar, Pélope invocou o deus, solicitando auxílio. Recebeu um carro de ouro puxado por quatro cavalos alados e foi vitorioso, tendo Enomao falecido quando tentava vencer.

Uma variante dessa versão informa que Hipodâmia apaixonou-se por Pélope e, com a cumplicidade de um escravo, mandou-o danificar o carro do rei. Durante o percurso o carro esfacelou-se e Enomao morreu em consequência do acidente.

Pélope, para comemorar a vitória e o casamento com Hipodâmia, instituiu os Jogos Olímpicos em honra a Zeus, determinando que deveriam ser realizados a intervalos fixos. Foram erigidos, em Olímpia, dois monumentos funerários. Um em honra a Pélope e outro a Hipodâmia. Seus filhos deixaram a Élida e espalharam-se por uma das regiões mais bonitas, a península ao sul da Grécia, denominando-a Peloponeso, ou seja, a "ilha de Pélope".

• A seguir apareceram Áugias, rei da Élida, e Héracles, o herói tebano, filho de Zeus e Alcmena. De uma divergência entre eles surgiram os Jogos Olímpicos.

Como sexto trabalho, Héracles deveria limpar os estábulos de Áugias, que não eram limpos havia trinta anos. Pela falta de asseio, além de exalarem insuportável mau cheiro, infestavam a região. Héracles solicitou a Áugias a décima parte do gado, se conseguisse fazer a limpeza em curto espaço de tempo. O rei concordou.

Com rapidez incrível, o herói removeu as reses para o campo e desviou o curso do rio Alfeu, fazendo-o passar pelas estrebarias. Embora cobrasse o prêmio, o rei não cumpriu o acordo. A divergência acabou em guerra. Héracles matou Áugias e, vitorioso, seguiu para Olímpia. Instituiu os jogos para homenagear Zeus e a si mesmo, estabelecendo que os participantes deveriam competir pela honra e glória do triunfo e não por interesse material.

Essas versões mostram dois Héracles, muito distanciados no tempo. O primeiro deles, vindo de Creta, berço da civilização grega primitiva. O segundo Héracles, herói contemporâneo de Áugias e autor dos "Doze Trabalhos". Parece que, inicialmente, os jogos se chamavam "Herácleos", daí ser mais aceita a versão que atribui a um desses personagens a honra de tê-los instituído.

Por razões etimológicas, há uma corrente, segundo a qual, o instaurador dos Jogos Olímpicos foi Atlios, primeiro rei da Élida. Daí as competições chamarem-se "Atla" e os participantes, "atletas".

Lei do Retorno:

A mitologia concede, na disputa entre Enomao e Pélope um cristalino exemplo de trapaça. Elas existiram desde os primeiros tempos, movidas por sentimentos, os mais variados: necessidade de conquistar notoriedade, desejo de vencer, vontade de auferir vantagens financeiras ou não. Porém, o trapaceador sempre estará vulnerável à lei do retorno, que é fato natural e nada tem de misterioso. Simplesmente a vida devolve o que a ela é oferecido. Seja de bom, ou seja de mau.

No esporte a trapaça está presente, por diversas formas, na luta pela busca da vitória. Porém, ela jamais conseguirá tirar o real valor de quem foi prejudicado e o trapaceiro terá sempre, na consciência, a medida exata e o real valor do seu adversário.

A TRÉGUA SAGRADA
Onde termina a lenda

Por volta do século VIII a.C. surgiram as primeiras citações com alguma segurança histórica sobre a origem dos Jogos Olímpicos.

Durante longo tempo Pisa, Elis e Esparta lutavam entre si por diversas razões. Enquanto os combates se sucediam, destruindo a unidade do país, Ífito, rei de Elis, consultou o Oráculo de Delfos. Soube que os deuses interviriam se lhes fossem oferecidos sacrifícios e restabelecidos os jogos instituídos por Héracles, que já haviam caído no esquecimento.

Em 884 a.C. Cleóstenes de Pisa, Ífito de Elis e Licurgo de Esparta encontraram-se em território neutro – o vale de Olímpia. Concluíram um tratado que consagrava a celebração dos jogos esportivos e firmaram uma instituição pacífica, que foi denominada Trégua Sagrada. Possuía o seguinte teor:

"Olímpia é local sagrado. Quem lá ousar ingressar, com armas na mão, será estigmatizado como sacrílego. É igualmente considerado sacrílego quem não vingar tal ultraje se isto estiver a seu alcance".

A inscrição foi gravada em círculos concêntricos, em um disco de bronze que permaneceu depositado no templo de Hera. Para manter essa trégua em vigor, formaram uma espécie de senado Olímpico encarregado de proclamar a realização dos jogos esportivos a intervalos regulares.

UM SALVO-CONDUTO – Inicialmente a suspensão de hostilidades referia-se às três cidades, mas depois tornou-se mais abrangente. A paz não foi propriamente obtida, mas, durante os Jogos Olímpicos, era declarada uma trégua. Eram abertas as fronteiras de todas as cidades e os atletas recebiam um salvo-conduto para poderem passar pelo território inimigo. Elis e Olímpia passaram a ser locais proibidos às armas. Foi estabelecido, também, o "mês sagrado", durante o qual, toda atividade guerreira deveria cessar.

No bosque Altis foi construído um altar consagrado a Zeus. Os sacerdotes ali depositavam as oferendas e preparavam a lenha, sendo que um deles ficava segurando uma tocha acesa. Selecionados, os peregrinos mais ágeis e fortes eram alinhados a aproximadamente 200 metros do altar e participavam de uma corrida a pé, cujo término era diante do sacerdote. O primeiro colocado recebia a tocha acesa. Cabia-lhe a honra de acender a fogueira do sacrifício, a glória de ser proclamado campeão e a alegria de ser considerado um favorito de Zeus.

DUAS GUERRAS MUNDIAIS:
Se na Antiguidade o esporte fazia cessar as hostilidades durante a realização dos Jogos Olímpicos, na Era Moderna, duas guerras mundiais determinaram a suspensão das competições olímpicas de 1916 – Berlim, 1940 – Helsinque e 1944 – Londres.

O PRIMEIRO REGISTRO
ESPAÇO DE TEMPO

Alguns autores acreditam que, a partir de 884 a.C., os jogos foram realizados quadrienalmente. Mas não é possível afirmar que tenha sido esse o ano exato dos primeiros jogos da Antiguidade.

Oficialmente, são considerados primeiros Jogos Olímpicos da antiga Grécia os realizados em 776 a.C., quando surgiu a primeira descrição histórica e os nomes dos campeões passaram a constar dos registros públicos.

Os Jogos Olímpicos consagravam uma Olimpíada e estas converteram-se em Era Comum para toda a Grécia, servindo de base à sua cronologia.

A palavra "Olimpíada" significava "espaço de tempo": quatro anos consecutivos entre duas realizações de Jogos Olímpicos. Daí o ano 776 a.C. ser memoravelmente histórico, por representar a primeira data positiva das histórias da Grécia e europeia. A partir daí, os gregos situaram seus fatos marcantes por meio das Olimpíadas, ou seja, quatro vezes doze meses.

A GRANDIOSA FESTA – No início participavam dos jogos apenas os mais velozes corredores de Pisa e Elis. Com o tempo, o êxito empolgou as demais cidades, várias regiões solicitaram a inclusão e a Grécia apaixonou-se pela grandiosa festa esportiva.

A atração que Olímpia exercia sobre os gregos era tão intensa que, pelo menos uma vez em suas vidas, sonhavam em visitá-la. E o motivo principal era assistirem aos Jogos Olímpicos.

Píndaro dizia: "Como a água é o primeiro dos elementos, como o ouro é a mais preciosa das riquezas humanas, como os raios de Sol são a fonte mais brilhante de calor, não há combate mais nobre a cantar que os Jogos Olímpicos".

A PACÍFICA EMULAÇÃO:

Para os gregos, Olimpíada significava espaço de tempo. De acordo com o conceito moderno, Olimpíada é o evento esportivo que, desde 1896, é realizado quadrienalmente, com a participação de atletas de todo o mundo.

O evidente abraço internacional proporcionado pelos Jogos Olímpicos inspirou o barão Pierre de Coubertin a criar, em 1912, a Ode ao Esporte:

"Ó, esporte, tu és a paz.

Estabeleces o relacionamento feliz entre os povos, aproximando-os pelo culto à força controlada, organizada e senhora de si mesma.

Por ti, a juventude universal aprende a respeitar-se mutuamente e, assim,

A diversidade de caracteres nacionais

Transforma-se na origem de uma

Grandiosa e pacífica emulação".

UM CAÇADOR APAIXONADO
O RIO PREDILETO DE ZEUS

Um caçador chamado Alfeu costumava percorrer as montanhas, bosques e vales da Arcádia. Certa vez avistou a bela ninfa Aretusa, companheira de Ártemis, a deusa da Caça. Apaixonou-se, passou a assediá-la, mas Aretusa não aceitou a corte. Fugiu desesperada e foi perseguida com obstinação. Quando estava quase sendo alcançada, morrendo de pavor e exaustão, pediu auxílio a Ártemis que, para socorrê-la, transformou Alfeu em rio e Aretusa em uma fonte.

Mas o audacioso caçador não se conteve. Continuou correndo atrás da ninfa, buscando-a por toda parte: a céu aberto, debaixo da terra, serpenteando pela superfície. Mergulhou no mar e, sem misturar com ele suas doces águas, chegou à ilha de Ortígia, próxima de Siracusa, na Sicília. Foi ali que, finalmente, conseguiu encontrar sua amada e a ela misturar-se. Por isso, ninguém consegue explicar como a fonte Aretusa, alegre, farta e abundante, estando em uma ilha rodeada pelo salgado oceano, consegue fazer brotar água doce. Tão doce quanto a água do apaixonado Alfeu, o rio predileto de Zeus.

INSISTIR É VENCER:

Segundo o mito, Alfeu não desistiu da sua paixão e, pelo jeito, conseguiu realizar o sonho que perseguiu com tanto empenho.

A persistência, a certeza de atingir o objetivo e o trabalho consciente, são fatores fundamentais das grandes conquistas. Nem sempre das conquistas amorosas, porém das realizações pessoais e profissionais.

É gratificante transformar os anseios em realidade. Para que isso aconteça, não se pode perder o sonho de vista e, para persegui-lo é necessário estudo, trabalho, dedicação e, principalmente, fé. Assim fizeram os inventores, os grandes artistas, os homens que se destacaram nas profissões que abraçaram e conseguiram deixar o mundo melhor do que era, quando aqui chegaram.

ONDE FICAVA OLÍMPIA – Na antiga Élida, no Peloponeso, exatamente na confluência do rio Alfeu com seu afluente Cladeu, ficava uma das regiões mais bonitas da Grécia. Lá também, de baixa altitude e repleto de árvores, surgia o monte Cronos. Nesse local, por volta do ano 1000 a.C. os sacerdotes ofereciam sacrifícios ao deus Cronos. Era onde ficava Olímpia, a sede permanente dos Jogos Olímpicos da Antiguidade.

Consta que a beleza da região influiu na escolha para a celebração dos jogos, pois as divindades preferiam os lugares mais bonitos para serem homenageadas e receberem as oferendas. Além disso, as vantagens geográficas favoreciam a reunião de atletas e espectadores que, vindos de todos os cantos da Grécia, participavam da grande festa esportiva destinada a agradar os deuses comuns e todos os helenos.

A CADA QUATRO ANOS:
Na Grécia Antiga, Olímpia foi a única sede dos Jogos Olímpicos. Na Era Moderna, o privilégio de sediá-los é conferido a uma cidade e não a um país.
A escolha é feita sete anos antes da data de realização do evento. Eles foram promovidos, a partir de 1896, com intervalo de quatro anos, nas seguintes sedes: Atenas, Paris, Saint Louis, Londres, Estocolmo; 1916 – Primeira Guerra Mundial, Antuérpia, Paris, Amsterdã, Los Angeles, Berlim; 1940 e 1944 – Segunda Guerra Mundial, Londres, Helsinque, Melbourne, Roma, Tóquio, Cidade do México, Munique, Montreal, Moscou, Los Angeles, Seul, Barcelona, Atlanta, Sydney, Atenas e Pequim. Para 2012 foi escolhida a cidade de Londres e 2016, o Rio de Janeiro.

A SEDE PERMANENTE
ENTRE PLÁTANOS E OLIVEIRAS

Olímpia situava-se em um vale calmo. Não era uma cidade semelhante à maioria das "poleis" gregas. Foi sempre uma região de cultos religiosos, depois associados a uma concorrida e abrangente competição esportiva. Portanto, as construções de Olímpia representavam a estrutura necessária ao bom desempenho das atividades religiosas, administrativas e esportivas que ali ocorriam a cada quatro anos.

Entre os plátanos e oliveiras do Altis, bosque sagrado dedicado a Zeus, encontravam-se os templos e altares primitivos, feitos de pedras amontoadas. As instalações que não possuíam caráter religioso situavam-se fora desse lugar. As mais expressivas edificações de Olímpia eram:

• O grande altar de Zeus estava entre os templos de Zeus, Hera e o monumento a Reia. Peça fundamental do santuário. Zeus determinou onde ele deveria ser erguido, lançando um raio no local. Durante os Jogos Olímpicos, aí eram celebrados os mais importantes sacrifícios. O altar media sete metros de altura e tinha uma escada com 32 degraus, que levava ao seu ponto mais alto. Nos primeiros tempos dos Jogos Olímpicos, o altar marcava o final da corrida disputada entre os mais velozes peregrinos de Pisa e Elis.

• O monumento mais antigo de Olímpia era o templo de Hera, a rainha do Olimpo. Construído em 600 a.C., era um dos mais belos edifícios da época. Nesse templo eram conservados muitos objetos preciosos, como o disco de bronze contendo a inscrição da Trégua Sagrada e as coroas destinadas aos campeões. Crianças do sexo masculino, com pais vivos, eram escolhidas criteriosamente e cortavam os ramos da oliveira sagrada, com uma foice de ouro. A seguir, com as mais belas folhas eram tecidas as coroas que, a partir de certa época, passaram a ser o único prêmio para os vencedores dos eventos esportivos.

• Diante do templo de Hera ficava a edificação em homenagem a Reia. A "Grande Mãe" era cultuada na base do Monte Cronos, antes de a veneração ao seu filho Zeus ser levada para Olímpia. Embora tenha sido erigido um templo a Reia, com o tempo, sua adoração perdeu a força.

• O templo de Zeus Olímpico era o mais importante e o mais bonito prédio de Olímpia. A altura total do templo ultrapassava 20 metros. Ele abrigava a colossal estátua de Zeus Olímpico, obra de Fídias. Numa altura superior a 13 metros, sobre um pedestal, o deus esculpido em marfim e ouro apresentava-se sentado em seu trono. A mão esquerda sustentava um cetro de ouro encimado por uma águia. Os cabelos eram de ouro, as partes despidas de marfim e o trono de ébano, ouro, pedras preciosas e marfim. Fídias recobriu o chão da câmara principal com ladrilhos negros e isso dava maior destaque à estátua.

Consta que o conjunto devia ser perfeito, porque ao vê-lo, o poeta Felipe de Salônica exclamou: "Oh, Fídias, ou o deus desceu à Terra para mostrar-lhe o rosto ou você subiu ao céu para vê-lo".

Diz a lenda que, terminada a obra, Fídias pediu a Zeus um sinal de aprovação. Um raio caiu, então, ao pé da estátua, em lugar que ficou assinalado com um vaso de bronze.

A estátua, considerada a primeira das sete maravilhas da Antiguidade, foi adorada durante muito tempo. Quando os Jogos Olímpicos foram extintos, foi levada para Constantinopla, onde desapareceu destruída pelo fogo. No canto sudeste do templo de Zeus, perto do altar das Ninfas, crescia a oliveira sagrada de onde eram extraídos os galhos para tecer as coroas dos campeões.

• Alguns autores mencionam que, nas proximidades do templo de Zeus, elevava-se o palácio de Enomao. Foi encontrada uma coluna de madeira contendo a seguinte inscrição: "Estrangeiro, saiba que sou vestígio de um palácio glorioso. Fui, outrora, uma coluna da casa de Enomao. Tenho a honra de estar, até hoje, perto do templo de Zeus. A fúria da destruição teve pena de mim".

A LUZ SAGRADA:

É no templo de Hera que acontece, na atualidade, a cerimônia do acender da tocha olímpica que em 1936, na Olimpíada de Berlim, passou a integrar a programação oficial. A partir daí e, sempre da mesma forma, a mais famosa chama do mundo é acesa a cada quatro anos, em Olímpia, pela antiga maneira de fazer fogo. Os raios solares são focalizados através de um espelho parabólico e projetados sobre gravetos colocados em um recipiente antigo. Doze mulheres, usando vestidos brancos e cabelos presos no estilo das antigas sacerdotisas gregas, acompanham a "sacerdotisa da tocha olímpica", que dirige a cerimônia. Após ajoelhar-se ela efetua a seguinte prece a Hera: "Mãe e guia de todos nós, acende a luz sagrada que irá alumiar a nobre emulação pacífica entre os povos do mundo". A seguir, passa a tocha já acesa a um corredor grego, que dará início ao revezamento que levará a chama para Atenas e, de lá, para a cidade-sede dos Jogos Olímpicos.

Ao recebê-la, o atleta se volta para o local onde está enterrado o coração de Pierre de Coubertin, o renovador dos Jogos Olímpicos. Faz uma reverência e começa a correr. É nesse exato momento que têm início os Jogos Olímpicos propriamente ditos.

EDIFICAÇÕES ESPORTIVAS
A TRIBUNA DE HONRA

Para atender ao aspecto esportivo dos Jogos Olímpicos foram construídos vários edifícios:

- O ginásio de Olímpia tinha formato retangular, era rodeado de átrios amplos e colunatas em estilo dórico. No espaço livre desenvolviam-se os treinamentos de corridas e lançamentos. Um amplo pórtico servia para a preparação dos atletas nos dias chuvosos ou de grande calor. Segundo Pausânias, durante a estada em Olímpia, os atletas ficavam alojados no ginásio.

• Na continuação do ginásio ficava a palestra, uma construção que formava um quadrado quase perfeito. No pátio interno, ao ar livre, treinavam os atletas que deveriam participar das provas de saltos e lutas. Como as demais palestras gregas, as alas cobertas possuíam vários compartimentos com finalidades distintas, porém relacionadas à prática dos esportes de ataque e defesa.

• O estádio de Olímpia, um dos maiores da Grécia, ficava no lado oposto ao ginásio e à palestra. Ele era o centro dos jogos, com exceção dos esportes equestres. O local destinado às corridas era um retângulo de 211 metros de comprimento por 32 de largura. Para atingir o estádio havia um corredor com um longo banco, onde os atletas descansavam antes da prova. A acústica era excelente e isso favorecia a chamada. Mais tarde foi transformado em túnel abobadado, recebeu o nome de *Porta Crypta* e tornou-se a entrada oficial. Havia distribuição farta de água por todo o estádio. Ele era composto de uma pista central rodeada de colinas de suave inclinação.

No monte Cronos foi erigida uma Tribuna de Honra onde, ao que consta, permaneciam os helanoicas – "juízes dos gregos" – os senadores de Elis e as mais altas autoridades. Em frente a esse sítio foi encontrada uma construção especial. Os estudiosos acreditam que nesse lugar ficava a sacerdotisa da deusa Deméter Cámine, para assistir às provas olímpicas.

Nos dois meses que antecediam as competições, o estádio passava por algumas reformas. A terra da pista era removida, revolvida e recolocada para endurecer. Depois disso, era recoberta por uma leve camada de areia.

• Ao sul do estádio ficava o hipódromo. Media quase 400 metros de comprimento e ali eram disputadas as corridas de carros e provas equestres. Os estudiosos não conhecem bem o hipódromo, pois as constantes enchentes do rio Alfeu e seu afluente, destruíram vestígios que poderiam ser importantes para os arqueólogos.

SOLUCIONAR PROBLEMAS:

A capacidade administrativa dos gregos era evidenciada na organização e administração dos Jogos Olímpicos. Provavelmente, eles adotassem o mesmo critério em outros jogos públicos.

Em qualquer setor, seja esportivo ou não, seja da administração pública ou da particular, a equipe de administradores será tanto mais eficiente, quanto mais prontamente apresentar respostas e solucionar os problemas que provoquem o estrangulamento da ação que está sendo executada. Administrar é tomar decisões eficazes sobre: objetivos, meios a serem utilizados e processamento.

OUTRAS CONSTRUÇÕES
O MAIOR HOTEL DA ANTIGUIDADE

Outras construções atendiam aos aspectos administrativos.

• Na base do monte Cronos, ao norte do Altis, havia doze edifícios denominados erários ou casas do tesouro. Construídos por várias cidades gregas, serviam para guardar vasos e objetos preciosos, usados durante as cerimônias religiosas. Na frente dessas edificações havia um muro onde estavam fixadas pequenas estátuas de Zeus fundidas em bronze. Recebiam o nome de zanes e foram feitas com o produto de multas impostas aos que agiam de modo desonesto, infringindo o regulamento dos Jogos Olímpicos.

• Na face oeste do Altis havia um depósito de água de grande beleza arquitetônica. Herodes Ático, de Maratona, mandou construí-lo em 160 d.C. para suprir a falta de água potável em Olímpia. No período dos jogos, por causa do grande calor, os dois rios da região não atendiam às necessidades do grande número de pessoas. A água era colhida em um outro rio a 10 quilômetros. Trazida por um aqueduto, era lançada no reservatório que a distribuía para o estádio por meio de bicas. Assim, o público era beneficiado.

• Pórtico de Eco era um extenso corredor coberto que limitava o Altis a leste. Tinha esse nome porque a voz repercutia aí por sete vezes. Em face da excelente acústica, era o local onde se realizava a prova para arautos e trombeteiros, varões de voz mais sonora. Ao vencedor cabia a honra de proclamar o nome dos campeões olímpicos. Mais tarde foi chamado Pórtico das Variedades, por causa de pinturas e inscrições gravadas em seus muros.

• O Teocoleu era um prédio simples, com dimensões reduzidas e onde os teólogos possuíam residência permanente. Eram eles os únicos moradores de Olímpia, pois ela permanecia vazia durante os quatro anos que separavam os jogos. Os teólogos, responsáveis pelo zelo dos recintos sagrados e pela organização dos sacrifícios, eram escolhidos entre as famílias mais nobres e a função era transmitida por sucessão.

• O maior edifício de Olímpia era o Leonideu e recebeu esse nome porque foi mandado construir por Leônidas de Naxos, para homenagear Zeus. Consta que era o mais amplo hotel da Antiguidade. Edificado no século IV a.C., possuía dois andares e oitenta quartos cada um, destinados a alojar helanoicas e altas autoridades.

• O Buleutério era peça fundamental na organização dos Jogos, pois aí estava instalado e se reunia o Senado Olímpico para ordenar as normas das competições, redigir documentos oficiais e resoluções regulamentares. Ali também eram decididas as sanções impostas aos infratores. A construção tinha forma de ferradura. No espaço compreendido entre as duas alas, estava a estátua de Zeus Hórkios ou Zeus Vingador, diante da qual os participantes juravam, prometendo fidelidade aos ideais olímpicos.

• O ateliê de Fídias situava-se entre a palestra e o Leonideu.

• Pritaneu era o centro político e local de encontro dos helanoicas. Nome originário de *pritanos*, magistrados. No seu interior estava a capela de Héstia, deusa do lar e guardiã da paz, onde uma sacerdotisa mantinha uma chama acesa dia e noite. Durante os jogos era um lugar muito alegre, pois em uma sala chamada de hestiatório, atletas, homens públicos, visitantes oficiais e sacerdotes faziam suas refeições. No pritaneu era oferecido um grande banquete aos campeões, no último dia dos Jogos Olímpicos.

• Quando os macedônios dominaram a Grécia usufruíram do direito de participação nos jogos e o rei Filipe II iniciou em Olímpia a construção do Filipeu ou templo de Filipe. Após sua morte, seu filho Alexandre Magno concluiu a construção, dedicando-a à memória do pai. O edifício era em estilo jônico, possuía 18 colunas e abrigava cinco estátuas de ouro e marfim, de membros da família de Filipe II.

• Posteriormente, os romanos passaram também a disputar os Jogos Olímpicos e construíram, em Olímpia, a Casa de Nero. É provável que tenha servido para hospedar o imperador quando de sua estada naquela cidade. Mais tarde essa edificação foi ampliada e pode ter sido ocupada por oficiais romanos.

Segundo Estrabão, Olímpia foi edificada sem muralhas, porque os exércitos que entravam na região deveriam entregar as armas ao chegar e recebê-las ao sair.

DEVIDAS PROPORÇÕES:

Os tesouros, a moradia dos teólogos, um hotel, a sede do comitê organizador, o centro político, o refeitório... Isso já existia há quase três mil anos. Estabelecidas as devidas proporções, bem pouca coisa mudou na organização e administração dos torneios esportivos daquela época, para a atualidade. Houve, apenas, aperfeiçoamento de recursos, graças ao progresso tecnológico.

O COI – Comitê Olímpico Internacional, criado no Congresso de Paris em 23 de junho de 1894, tem sob sua responsabilidade o controle e o desenvolvimento dos Jogos Olímpicos modernos. É um órgão permanente, independente e tem atribuições voltadas para a organização, orientação e incentivo ao esporte olímpico. A sede do Comitê Olímpico Internacional é no "Château de Vidy", na cidade de Lausanne – Suíça.

O COI confia a organização dos Jogos ao Comitê Nacional Olímpico do país onde esteja a sede escolhida. Este, por sua vez, poderá delegar poderes a um Comitê especial denominado C.O.J.O – Comitê Organizador dos Jogos Olímpicos, que passará a ter contato direto com o Comitê Olímpico Internacional.

A BUSCA DA PAZ
LIVRE DO RUÍDO DAS ARMAS

Os Jogos Olímpicos representavam, a cada quatro anos, o maior encontro pacífico de todos os gregos, pois iniciavam-se com a suspensão de hostilidades. Quem decidia sobre a proclamação da Trégua Sagrada era o Senado Olímpico, cuja sede ficava em Elis, uma cidade situada a aproximadamente 60 quilômetros de Olímpia.

Os arautos ou mensageiros, que recebiam como atribuição definida proclamar a Trégua Sagrada, chamavam-se *espondóforos*. Escolhidos entre as mais nobres famílias, eram uma espécie de embaixadores, encarregados de anunciar a boa nova.

Deixavam Elis três meses antes da abertura dos Jogos. Separados em três grupos, partiam com seus auxiliares e percorriam todo o território grego. Recebidos pelas associações locais, estas se encarregavam de reunir o povo. Assim, a mensagem era transmitida aos chefes de Estado, divulgada à população e todos os gregos tomavam conhecimento da proclamação da trégua.

LIVRE DO CRIME – A partir daí, qualquer tipo de atividade guerreira era suspensa para que atletas, treinadores, pessoal de apoio e viajantes pudessem dirigir-se ao território da Élida e participar, tranquilamente, da jornada esportiva. A mínima falta era severamente punida. Cada cidade estaria implicada e deveria assumir todas as responsabilidades do delito, mesmo que praticado isoladamente por um de seus cidadãos. Os transgressores recebiam pesadas penas e isso conferia grande credibilidade aos Jogos Olímpicos.

O senado não tinha complacência e cumpria, rigorosamente, a carta de proclamação: "Que o mundo esteja livre do crime, do assassinato e do ruído das armas".

Durante o longo período de realização dos Jogos Olímpicos, essa trégua foi violada apenas cinco vezes e, desde a Antiguidade, o festival esportivo deveria representar o símbolo da fraternidade universal.

DESTAQUE MERECIDO:

A fraternidade é conquista da evolução. O ser humano traz em si o germe da bondade em potencial. Quando permite que ele desabroche e passa a usá--lo, constrói a fraternidade que se interessa pelo bem alheio e que busca espalhar ao seu redor as projeções da paz e da harmonia. É o resultado do altruísmo, em detrimento do egoísmo.

Na Grécia, pelo amor ao esporte, o mundo ficava livre do crime, do assassinato e do ruído das armas. Na Era Moderna, apesar dos dois grandes conflitos bélicos que o mundo enfrentou, em se tratando de esporte e guerra, um fato isolado, mesmo sem estar relacionado com Jogos Olímpicos, merece ser destacado:

No ano de 1969, a equipe do Santos Futebol Clube apresentou-se na África. Na época, dois países africanos estavam em guerra. Fazia parte do grupo santista Edson Arantes do Nascimento, o Pelé, considerado na época o melhor jogador de futebol do mundo. Para que ele e a equipe pudessem transitar com segurança, as forças rivais interromperam o conflito bélico e o jogo pôde ser disputado. Escoltaram a delegação e exércitos inimigos encontraram-se, pacificamente, para transferir a responsabilidade de escolta nas fronteiras de Kinshasa, na República Democrática do Congo e Brazzaville, capital do Congo. Foram um salvo-conduto e uma trégua concedidos em homenagem a Pelé, um herói para os africanos. E com isso, o esporte, uma vez mais, temporariamente promoveu a paz.

O FESTIVAL ESPORTIVO-RELIGIOSO

FASE PREPARATÓRIA
ESTÁGIO EM ELIS

Os atletas olímpicos submetiam-se a treinamentos intensivos nos ginásios das suas cidades, mas 60 dias antes dos jogos, deveriam estar concentrados em Elis para um estágio obrigatório. Dessa forma, eram-lhes concedidas condições para se acostumarem com o clima e regime alimentar, para tomarem contato com os equipamentos esportivos e conviverem com os demais participantes.

Cada disciplina exigia um treinamento especializado. Por isso, as sessões de atividades e os exercícios eram muito diversificados. O final do estágio de Elis era assinalado por uma série de provas eliminatórias.

Ao seguirem para o local das competições, os atletas selecionados ouviam as seguintes palavras de despedida: "Para Olímpia: ide ao estádio e mostrai-vos como homens capazes".

CRITÉRIOS DE SELEÇÃO:

Para que o alto nível técnico seja mantido nas competições olímpicas da atualidade, são estabelecidos índices mínimos para os esportes individuais.

O Comitê Olímpico Internacional recomenda aos comitês nacionais que não levem aos Jogos Olímpicos atletas que não possuam resultados de expressão internacional. Em competições e torneios pré-olímpicos, de caráter eliminatório, são selecionados os indivíduos e as equipes que poderão disputar a Olimpíada.

O INÍCIO DA FESTA
PÚBLICO VARIADO

Um mês antes dos Jogos, uma loucura coletiva invadia a Grécia. Os afazeres eram suspensos no mundo helênico, pois todos desejavam estar presentes em Olímpia no décimo primeiro dia do hecatombeu (primeiro mês do ano grego).

Milhares de pessoas de todas as condições sociais e de todas as idades afluíam de barco, a cavalo, a pé, por estradas, caminhos e atalhos, vindas de todas as regiões. Indivíduos que viviam constantemente em luta encontravam a paz. O mesmo entusiasmo os unia.

Por serem os jogos muito concorridos, o público era numeroso e variado. Primeiro vinham os atletas. Originários de várias cidades gregas, faziam-se acompanhar dos pais, treinadores, massagistas e cavalariços.

A seguir, havia as delegações oficiais das cidades. Dirigidas pelas principais autoridades, traziam sempre abundantes presentes. Alguns eram depositados no rio Alfeu, enquanto os ofertantes formulavam pedidos. Os outros eram destinados aos encarregados dos templos, às divindades e aos governantes da Élida.

Finalmente, surgia o público propriamente dito. Por ter Olímpia apenas um edifício destinado a abrigar altas personalidades, os visitantes que não possuíssem essa condição acampavam na planície adjacente em barracas improvisadas, tendas e frequentemente ao ar livre.

ENTUSIASMO E EXPECTATIVA
Os mesmos interesses

Olímpia transformava-se em uma cidade temporária repleta de entusiasmo e de grupos heterogêneos. Comerciantes vendiam peixes, carnes, frutas frescas, nozes, tâmaras, vinho, etc. Havia instalação de barracas onde eram vendidas: peças de cerâmica, madeira, bronze, miniaturas de imagens dos deuses, estatuetas com motivos esportivos, toalhas de linho, tecidos, roupas prontas, etc.

Enquanto alguns aproveitavam para ostentar suas riquezas, outros ansiavam pelo aplauso. Às vezes, essa ânsia de notoriedade acabava provocando o ridículo. Consta que o pintor Zêuxis, um dos mais ilustres da Grécia, foi objeto de críticas e zombarias por ter-se apresentado em Olímpia, com uma rica vestimenta, tendo às costas seu nome bordado em letras de ouro.

Filósofos, poetas, escritores, oradores, pintores e escultores compareciam para divulgar sua cultura e sua arte. O filósofo Platão sempre foi um dos mais aplaudidos, por servir de exemplo para todos os helenos. Foi um homem que aliou beleza física a um profundo saber.

Sendo o ambiente propício, com o tempo os Jogos transformaram-se em ponto de encontro político, onde problemas comuns a todos os gregos eram levantados e discutidos. Os estadistas aproveitavam-se da situação. Passaram a proferir discursos, a divulgar planos e distribuir panfletos. Isso prova que, em todas as épocas, os homens sempre serão movidos pelos mesmos interesses.

COMPLEXIDADE FORTALECEDORA:
O entusiasmo é força viva que movimenta ideais e promove o progresso. Somente ele é capaz de impulsionar a vontade.
Com o aperfeiçoamento dos meios de comunicação e a força da mídia, o mesmo clima de entusiasmo que dominava a Grécia, acontece com os jogos modernos, de forma bem mais ampla e mais expressiva.
Como disse Sylvio de Magalhães Padilha, presidente de Honra do Comitê Olímpico Brasileiro: "A abrangência do movimento olímpico é maior do que imaginamos. Sai dos campos de treinamento e das praças de esportes, influenciando também diversos setores da ciência, da cultura, das artes, da filatelia, do colecionismo, das ciências médicas, da tecnologia e principalmente, do turismo. Essa complexidade o fortalece e engrandece".

PROTEGENDO OS HÓSPEDES – Vários autores afirmam que os Jogos Olímpicos eram promovidos com nobreza e distinção. Outros asseguram que não eram festas agradáveis e perfeitas como possa parecer. A água era escassa e, por certo, as oferendas depositadas nos altares do bosque sagrado deveriam atrair insetos e exalar mau cheiro.

Embora o festival fosse realizado na época mais quente do ano, era proibido cobrir a cabeça. A longa exposição ao sol acarretava sérios problemas físicos. Uma das vítimas foi Tales de Mileto, um dos sete sábios da Grécia. Filósofo, matemático, físico, astrônomo e um dos fundadores da ciência grega, morreu de insolação em Olímpia.

Mas esse desconforto não impedia que os gregos comparecessem prazerosamente. Nada os atemorizava. Acreditavam que lá estariam sempre seguros sob a guarda de Zeus Xênios, o protetor de hóspedes e estrangeiros.

Terminadas as competições sagradas, pelos quatro anos seguintes, Olímpia mergulharia novamente na paz e no silêncio.

CÓDIGO OLÍMPICO
AS LEIS DOS JOGOS

Os gregos foram também responsáveis pela criação dos regulamentos, das leis, do respeito à disciplina e da ordem no esporte. Para o atleta estar credenciado a participar dos Jogos Olímpicos, precisava obedecer a um código, cujos itens eram severamente observados:

1. Ser cidadão livre; nem escravo, nem estrangeiro (meteco).

2. Não ter sido punido pela Justiça, nem ter moral duvidoso.

3. Dentro do prazo legal, inscrever-se para o estágio no ginásio de Elis. Cumprir o período de concentração, passar pelas provas classificatórias e prestar juramento.

4. Todo retardatário estará fora da competição.

5. As mulheres casadas são proibidas de assistirem aos jogos ou subirem ao Altis, sob pena de serem atiradas do rochedo Typeu.

6. Durante os exercícios e desenvolvimento das competições no estádio, os treinadores deverão permanecer num recinto a ele destinado, próximo ao local da prova.

7. É proibido matar o adversário ou provocar sua morte voluntária ou involuntariamente.

8. É proibido perseguir fora dos limites determinados, empurrar o adversário ou utilizar contra ele um comportamento desleal.

9. É proibido amedrontar.

10. Toda corrupção de árbitro ou de participante será punida com chicote.

11. Todo concorrente contra quem não se apresentar o adversário, será considerado vencedor.

12. É proibido ao participante rebelar-se, publicamente, contra as decisões dos juízes.

13. Todo concorrente descontente com uma decisão poderá recorrer ao Senado Olímpico contra os árbitros. Estes, ou serão punidos, ou sua decisão será anulada se ela for considerada errada.

14. Será considerado fora de concurso qualquer um dos membros do colegiado de juízes.

RESPEITO E OBEDIÊNCIA:

Os regulamentos existem para serem obedecidos. Assim, também deve ocorrer com as leis. O ideal é que a obediência seja uma questão de consciência e não uma atitude de receio à punição. Os antigos diziam: "Sua cabeça, seu mestre". Respeitar leis, regulamentos, espaços, vizinhos, opiniões, preferências religiosas e políticas, usar a liberdade dentro do mais elementar princípio da democracia... É isso que irá evidenciar sinal de progresso comportamental.

VIOLAÇÃO ÀS LEIS
DIVERSAS PUNIÇÕES

A violação dos regulamentos era punida com penas que variavam de acordo com a falta cometida. As sanções podiam ser de quatro espécies: políticas, econômicas, esportivas e corporais

As penas políticas eram aplicadas aos que cometiam infrações de caráter bélico ou político. A falta de pagamento dessas punições impedia a participação nos Jogos Olímpicos.

As sanções econômicas eram as mais comuns e podiam ser penas exclusivas, acessórias ou substitutivas de uma penalidade de outra natureza. Essa punições eram gravadas nas bases das pequenas estátuas de Zeus em bronze, fixadas em local por onde as procissões passavam obrigatoriamente. O nome do infrator e de sua cidade natal eram bem visíveis, o que servia de muda advertência aos competidores. A vitória lhes proporcionava fama, mas a punição provocava marginalização e vergonha.

A pena esportiva mais comum era a desclassificação, geralmente aplicada àqueles que provocassem a morte do adversário ou tivessem um comportamento ignóbil. Pau-

A CARTA OLÍMPICA:
Os Jogos Olímpicos modernos são organizados de acordo com os preceitos estabelecidos pela Carta Olímpica, documento instituído pelo Comitê Olímpico Internacional, que deve ser obedecido. A violação implica sanções, que variam de acordo com a falta cometida.

Por exemplo: se um vencedor olímpico for desqualificado por dopagem ou outra falta grave, sua medalha e diploma serão devolvidos ao Comitê Olímpico Internacional.

sânias registrou que, num combate difícil, Ico de Epidauro veio a falecer na luta, em consequência dos golpes recebidos. Como punição ao vencedor Cleomedes, não lhe foi outorgada a coroa de ramos de oliveira. Por esse motivo, ele enlouqueceu de tristeza.

As penas corporais, comumente registradas nos desenhos da época, abrangiam aspectos dogmáticos, esportivos e pedagógicos. Preferencialmente eram usados chicotes dentro dos locais de competições. Infrações nos esportes de ataque e defesa e saída falsa nas corridas, eram punidas com castigos corporais.

PROIBIÇÃO ÀS MULHERES
Do alto do rochedo

Por serem consideradas criaturas inferiores, as mulheres estavam proibidas de assistirem aos Jogos Olímpicos. Para os gregos, esse privilégio era privativo de homens e deuses.

Há quem assegure que o impedimento atingia somente as casadas. As virgens podiam comparecer para assistir às provas equestres, porque atingiam o hipódromo sem necessidade de atravessar o Altis.

Toda mulher casada encontrada no local dos Jogos seria atirada ao mar, do alto do rochedo Typeu, sem qualquer forma de julgamento.

A presença da deusa – Nos jogos da Grécia Antiga, a única mulher casada cuja presença era permitida e assistia às provas, de um lugar especial, como já vimos, era a sacerdotisa da deusa Deméter. Essa divindade era reverenciada como deusa da fertilidade, da terra cultivada e da germinação do trigo. Seus símbolos eram a espiga e o narciso. Do casamento com Iasão, Deméter deu à luz Pluto, deus da abundância. De uma união com Zeus nasceu Perséfone, que surgia como explicação do ciclo das estações nos dramas litúrgicos representados durante o culto a Deméter.

APENAS AOS HOMENS:

Em se tratando de mulheres...

Por entender que o esporte era atividade destinada apenas aos homens e, por ter-se inspirado nas competições da Antiguidade para propor a renovação dos Jogos Olímpicos, Pierre de Coubertin era contrário à participação feminina nas competições olímpicas. Apesar do posicionamento radical, foi contrariado.

Em 1900, nos Jogos de Paris, seis mulheres foram autorizadas a disputar em caráter não oficial, torneios de golfe e tênis. Depois, a cada Olimpíada, uma nova conquista: arco e flecha, patinação artística e natação. Finalmente, graças ao empenho da francesa Alice Milliat, que lutou obstinadamente pelo direito feminino, na Olimpíada realizada em Amsterdã, em 1928, as mulheres conquistaram o direito de disputar cinco provas do torneio atlético. A partir daí, nunca mais deixaram de participar dos Jogos Olímpicos, em diversas modalidades de provas individuais e coletivas.

Diz o mito que Hades, senhor dos infernos e dos mortos, apaixonou-se por Perséfone e raptou-a, tornando-a sua esposa. Inconformada com a perda da filha, Deméter vagou entre os humanos à sua procura, recusando-se a voltar para o Olimpo, enquanto Perséfone não lhe fosse devolvida. No período em que esteve longe da morada dos deuses, a terra tornou-se estéril.

Zeus intercedeu junto a Hades e ficou estabelecido que Perséfone passaria um período do ano com a mãe, no Olimpo, e outro com o marido. O primeiro período correspondia à primavera – época em que as sementes brotam e os rebentos saem da terra, a exemplo de Perséfone, que deixava seu mundo subterrâneo, para se dirigir ao Olimpo. A semeadura de outubro correspondia ao segundo período – os grãos de trigo eram enterrados, à imagem de seu retorno para o lado do marido.

Anualmente, na época da semeadura, eram realizados cultos agrários em homenagem a Deméter. Essas cerimônias, que antecederam o culto a Zeus, eram expressivas, respeitadas e a tradição foi mantida. Por esse motivo, a única mulher casada com permissão para assistir aos Jogos Olímpicos era a sacerdotisa da divindade, pois, para os gregos, naquele momento ela era a própria deusa.

ECLESIASTES, 3: *"Tudo tem o seu tempo determinado, e há tempo para todo o propósito debaixo do céu:*
2 – Há tempo de nascer, e tempo de morrer: tempo de plantar, e tempo de arrancar o que se plantou (...)".

ORGANIZAÇÃO E ADMINISTRAÇÃO
PLANEJAR TAMBÉM É ARTE

Os autores antigos nada mencionam a respeito do financiamento dos Jogos Olímpicos. Em outros festivais esportivos, a responsabilidade era de um rico cidadão chamado "remunerador", que assumia publicamente o encargo e sua projeção social era beneficiada, quando não media esforços nem dinheiro para valorizar o evento. De início, gastava da própria fortuna mas, com o tempo, recorreu a outras fontes de renda, como doações ou subvenções imperiais.

É possível que, isoladamente, cada delegação oficial possuísse um financiador porém, nada foi escrito sobre formas de arrecadação para os Jogos Olímpicos. Para alguns autores, talvez em Olímpia as dotações adviessem dos abundantes presentes ofertados ou, ainda, do pagamento de ingressos.

Os Jogos Olímpicos eram cuidadosamente preparados, dirigidos e desenvolviam-se debaixo de perfeita organização. Os escritórios administrativos situavam-se em Elis e o núcleo de comando era constituído de pessoas proeminentes da Élida. Por se tratar de manifestação religiosa e esportiva, havia participação de pessoal numeroso e especializado.

O aspecto religioso era de responsabilidade dos teólogos, sacerdotes, sacerdotisas, escravos, etc. Os teólogos olímpicos exerciam as mais elevadas funções diretoras. Eram designados três para cada festival e sob suas ordens trabalhavam indivíduos inferiores na hierarquia religiosa.

Os mais respeitados eram os adivinhos, pois, na Antiguidade, dava-se muito valor às profecias. Eles eram muito solicitados. Além do atendimento constante ao público, deveriam participar dos sacrifícios às divindades.

A ARTE DE PLANEJAR:

Organização e administração não são importantes apenas para os torneios esportivos. E se o planejamento é a primeira etapa que deve ser observada, quem falha em planejar, planeja em falhar, dizem os estudiosos do assunto.

O planejamento é considerado uma ferramenta administrativa. Por isso, cada pessoa, para organizar e cuidar da própria vida, deverá comportar-se como um administrador. Planejando, administrando e organizando corretamente o tempo, recursos e atitudes, observando metas e objetivos coerentes e oportunos, obterá benefícios em todos os setores de atividades: em casa, no trabalho e em sociedade. Uma avaliação periódica é necessária, para verificar se os resultados estão sendo satisfatórios. Caso não estejam, é importante mudar o planejamento, para que o fim proposto seja atingido. É assim que orientam os mestres em administração.

Em face do grande número de espectadores, havia severo policiamento. O chefe de polícia e seus auxiliares eram responsáveis pela guarda e vigilância de Olímpia.

O Senado Olímpico analisava a prestação de contas feita pelos sacerdotes, cuidava da reforma dos templos e locais sagrados, decidia sobre recursos interpostos, sanções a serem aplicadas aos infratores, estátuas que deveriam ser erigidas, além da supervisão dos funcionários subalternos.

HELANOICAS
OS IMPARCIAIS JUÍZES

Inicialmente, a direção das competições estava confiada a magistrados de Pisa. A partir da sétima Olimpíada (748 a.C.) ficou assegurada aos senadores de Elis, que conservaram o privilégio até os últimos jogos da Antiguidade. Recebiam o nome de helanoicas, que significa *juízes dos gregos.* Eram indivíduos de elevada envergadura moral, com olhos de lince, imparciais e alheios a qualquer preferência. Iniciavam as atividades vários meses antes das competições, estudando os regulamentos elaborados por mestres em tradições olímpicas e recebendo instruções sobre tudo que envolvia as festividades e eventos esportivos.

No estágio em Elis, junto com os treinadores, os helanoicas assistiam aos exercícios diários, dirigiam os treinos, julgavam o mérito e possibilidade de participação dos inscritos, presidiam as provas de seleção dos competidores, separavam-nos por categorias e efetuavam a inspeção das instalações esportivas de Olímpia.

Por um sistema de exclusão mantinham apenas os atletas mais formosos e donos de melhor técnica. Esse critério tornava a festa mais grandiosa e excitante. Durante as competições em Olímpia, presidiam o sorteio de escolha das duplas nas provas de ataque e defesa, decidiam sobre o vencedor (o veredicto final era de três helanoicas) e outorgavam as coroas de ramos de oliveira.

Ao final das competições, inscreviam nos registros olímpicos dados referentes ao campeão: categoria, prova em que foi vitorioso, o nome, cidade de origem e nome do genitor. Ao final do estágio obrigatório em Elis, os helanoicas seguidos por todos os concorrentes classificados, dirigiam-se para Olímpia.

A partir daí, tinha início a maior festa esportiva da Antiguidade.

Busca da verdade:

Romanos, 13:3 – *"Porque os magistrados não são terror para as boas obras, mas para as más (...)"*.

Julgar com imparcialidade é gesto de sabedoria e grandeza. Colocar-se alheio à questão para constatar os diferentes ângulos de um conflito é tarefa difícil que exige experiência, renúncia à própria opinião pessoal, para agir com justiça. Ser justo é não ter preferências ou direcionar segundo interesses, mas buscar a verdade.

ESPORTES DISPUTADOS

O ESTÁDIO DE OLÍMPIA
AO RAIAR DO SOL

Em Olímpia, as competições iniciavam-se pela manhã, ao raiar do sol, com as provas de corrida. Eram realizadas no estádio, que possuía a forma de ferradura alongada, sendo a parte aberta voltada para o Altis. O local era amplo e consta que chegou a abrigar 60 mil pessoas.

As altas autoridades ficavam na tribuna de honra, protegidas por uma espécie de grade que as isolava da massa popular. As delegações oficiais sentavam-se nos primeiros lugares, às vezes sobre bancos individuais e confortáveis almofadas. Os treinadores permaneciam em local a eles reservados e os demais espectadores espalhavam-se pelos declives da relva. Muitos passavam a noite ali, para conseguir um bom lugar no dia seguinte. No ano de 180 da era cristã, ao redor da pista, foi construída uma arquibancada com muitos degraus, que proporcionou maior comodidade ao público.

A PISTA DE CORRIDA − Era retangular, coberta de areia e dividida, no sentido do comprimento, em raias que mediam cerca de 1,25 metro de largura. O início e o fim da pista eram marcados por longas lajes de pedra, que possuíam canaletas com orifícios, para encaixar pequenos postes de madeira. Nas corridas mais curtas, os postes serviam de meta. Quem primeiro os tocasse era considerado vencedor. Nas longas distâncias, os postes eram ponto de virada.

Essas lajes eram as linhas de saída. A que estava situada a leste recebia o nome de *aphesis*, que significa "ato de soltar, partida". A outra, posicionada a oeste e mais próxima do altar de Zeus, chamava-se *terma*, que quer dizer "fim, término, meta".

Todas as corridas terminavam na linha *terma*. Segundo Pausânias, esse costume teve suas raízes nos primeiros Jogos Olímpicos, oportunidade em que a corrida era realizada no Altis e a fogueira dos sacrifícios a Zeus era acesa pelo vencedor. Mais tarde, a prova passou a ser disputada fora do bosque sagrado, mas a tradição foi mantida.

A IMPORTÂNCIA DOS LIMITES:

Aphesis e Terma eram os limites da pista de corrida de Olímpia. Sempre será importante estabelecer limites, para evitar os excessos.

Se nos Jogos Olímpicos da Antiguidade, os limites eram estabelecidos pelos juízes, no governo caberá aos legisladores, na família, caberá aos pais, nas escolas, ao núcleo de comando do estabelecimento de ensino e, na vida, a um juiz particular denominado consciência. Muitas ocorrências desagradáveis por desvios comportamentais, são produto da ausência de limites, desde a educação na infância, até os exageros das vaidades, da ganância e da manipulação de poder na idade adulta.

Um toque de clarim – Os concorrentes participavam de séries eliminatórias e os vencedores disputavam a prova final. Ao toque de trombeta, os atletas apresentavam-se aos helanoicas e efetuavam o sorteio das séries. Cada série era disputada por quatro concorrentes. Antes do início da prova soava novo clarim. O anunciador divulgava o nome de cada participante, de seu genitor e cidade de origem. A seguir, os atletas posicionavam-se na linha de saída. A identificação dos competidores pelos arautos ocorria em todos os eventos olímpicos.

A técnica de saída não era uniforme, conforme registram desenhos da época. Por serem mais abundantes as ilustrações de corredores em pé, com leve inclinação do tronco à frente, é provável que fosse essa a atitude mais comum.

Erro e punição – Quando um corredor escapava antes do sinal, dando uma saída falsa, esta era anulada e o infrator recebia castigo corporal, açoitado por um auxiliar do juiz de partida, denominado "porta-chicotes".

A corrida foi o mais antigo e popular dos esportes gregos. Durante 52 anos apenas uma corrida rasa era realizada, no único dia de duração dos Jogos Olímpicos. Com o tempo e aumento de participantes, os atletas previamente selecionados no estágio de Elis adquiriam o direito de competir nos Jogos Olímpicos.

DUPLAMENTE VENCEDOR:

A primeira corrida foi realizada anteriormente ao que consta nos registros históricos da Grécia Antiga. Ela aconteceu antes do nascimento do primeiro homem na face da Terra, porque a vida inicia-se por uma corrida.

Milhões de espermatozoides participantes desse evento iniciam o percurso coberto em cerca de oito horas, cuja meta final é o óvulo da mulher. Essa "maratona" é uma verdadeira competição em torno da possibilidade de viver. Vários "corredores" alcançam o óvulo, mas somente um o fecunda, ganhando assim o grande prêmio – a vida!

Portanto, cada ser humano chega ao mundo duplamente vencedor: como um só folículo que amadureceu entre milhares, rompeu o ovário e, como óvulo, entrou na corrente sanguínea. E novamente vencedor porque, entre milhões de espermatozoides, conseguiu romper esse óvulo, para fecundá-lo.

Essa dupla vitória poderá ser motivo de reflexão e deverá proporcionar alegria... Afinal, na Olimpíada da vida, foi consagrado apenas um vencedor – VOCÊ.

CORRIDAS

Eram disputadas as seguintes corridas:

A PRIMEIRA CORRIDA: *Dromo*, que significa "corrida" ou "rua", foi o primeiro evento olímpico e era uma prova de velocidade. Pelo sentido religioso e por ter representado, sempre, o principal evento esportivo dos Jogos Olímpicos, cada Olimpíada era batizada com o nome do atleta vencedor do Dromo.

O dromo, única prova cuja saída ocorria no marco *aphesis*, media 192,27 metros. Ficou conhecido, também, com o nome de "estádio" e existem duas versões a respeito dessa medida. Uma informa que Héracles de Ida, o "cretense", na base do monte Cronos, marcou e delimitou o percurso que deveria ser cumprido por seus irmãos – 600 vezes o comprimento do seu pé. A outra conta que Héracles estabeleceu os limites da prova, após correr essa distância de um só fôlego.

Durante um longo período, nas diversas regiões da Grécia, não havia uniformidade na extensão das pistas. Finalmente, a palavra "estádio" foi adotada e passou a ser empregada de três formas: como medida nacional de distância; como sinônimo do evento atlético denominado dromo; como edificação onde eram disputadas as corridas pedestres e outros eventos esportivos.

COM LETRAS DE OURO – O primeiro campeão olímpico da Grécia Antiga a ser mencionado nos registros públicos foi Corebus, natural de Elis e vencedor do dromo. Era cozinheiro e pensou que, se tivesse boa alimentação e treinasse com dedicação, poderia ser tão veloz quanto o filho de um mercador. Por serem os demais competidores de condição social superior à sua, Corebus entendeu ser deselegante vencê-los constantemente nos treinos. Imaginou um plano para não melindrá-los e poupar-se fisicamente. Não dava o máximo das forças nos treinos, deixando que os outros o superassem e ficassem mais confiantes. No dia da prova, aproximadamente no meio do percurso, utilizou a reserva física armazenada na fase preparatória. Sagrou-se vencedor e, num quente dia de verão do ano de 776 a.C. teve a suprema glória de ver seu nome inscrito com letras de ouro sobre o mármore sagrado, como primeiro campeão da Antiguidade.

AUTOESTIMA:

Os traços que marcaram essa vitória são identificados com clareza. Corebus venceu porque possuía condição física, planejou, treinou e executou conforme o planejado. Respeitou os adversários, poupou energia para utilizá-la no momento exato e demonstrou possuir elevado nível de autoestima. A condição social inferior não foi limitante, nem representou obstáculo para o sucesso.

Respeito pela capacidade alheia, estímulo para que os companheiros também desenvolvam suas potencialidades – seja em treinamentos, estudos ou aperfeiçoamento de habilidades – são evidências de um caráter íntegro.

É oportuno lembrar que amar-se e amar são verbos que se completam. Só quem se ama é capaz de amar... E a autoconfiança livra o indivíduo de preocupações desnecessárias, do medo e da insegurança.

OUTRAS CORRIDAS:

O DIAULO ou duplo estádio, media 384,50 metros, pois a distância do estádio deveria ser percorrida por duas vezes.

A saída ocorria na linha *terma* e o atleta dispunha de duas raias para completar o percurso: uma para ir e outra para voltar ao ponto de partida. Contornava o poste fincado à sua frente, mas não podia tomar apoio nem dar impulso para levar vantagem sobre os demais competidores. Os chamados "juízes de virada" observavam atentamente e desclassificavam o atleta que efetuasse o contorno de maneira irregular.

I Coríntios, 9:24 − *"Não sabeis vós, que os que correm no estádio, todos na verdade correm, mas um só leva o prêmio? Correi de tal maneira que o alcanceis".*

O DÓLICO era a mais longa das corridas. Por causa do árduo treinamento e grande resistência física, os corredores do dólico eram de muita valia em tempo de guerra.

Apesar das divergências, a maioria dos autores assegura que media 24 vezes a distância do estádio, ou seja, 4.614 metros.

Era uma prova difícil e deve ter surgido por causa dos mensageiros que percorriam todo o território grego divulgando notícias, éditos, comunicando tratados, etc. Por não ser permitido o uso de cavalo nessa atividade, compreende-se a promoção de uma corrida de resistência. A maior dificuldade estava no contorno dos postes, que alterava o ritmo da corrida, retardando os competidores.

Autores antigos dizem que Ageu de Argos e Drymos de Epidauro, campeões do dólico em épocas diferentes, no mesmo dia em que venceram, percorreram mais de 100 quilômetros para chegar às cidades de origem. Eles próprios quiseram anunciar aos conterrâneos que haviam conquistado o primeiro lugar nos Jogos Olímpicos.

UM TELEGRAMA:

O primeiro campeão olímpico da Era Moderna é James Brendan Conolly, norte--americano que venceu o salto triplo, com a marca de 13,71 metros. Desde o início da prova, no torneio atlético de Atenas, foi notada a sua superioridade. Terminada a disputa, o resultado foi inscrito em um quadro-negro. Um marinheiro da Armada Real da Grécia hasteou a bandeira dos Estados Unidos em um mastro colocado na entrada do estádio Panatenaico.

Porém, como Ageu e Drymos, Conolly não precisou correr até a cidade de Suffolk para contar sobre sua vitória. Bastou, apenas, enviar um telegrama aos seus genitores, nos seguintes termos: "Os gregos venceram a Europa. Eu venci o mundo inteiro".

Sinal dos tempos...

CORRIDA HÍPICA – Prova de meio-fundo, que correspondia aos 800 metros rasos disputados na atualidade. O atleta percorria quatro vezes o comprimento do estádio e recebeu essa denominação porque no hipódromo era disputada uma corrida equestre com essa distância. Essa prova teve curta vida olímpica.

Havia ainda a CORRIDA ARMADA ou *hoplitodromia*, nome oriundo de *hoplita*, como era chamado o soldado da infantaria grega. Segundo Júlio, o Africano, eólios e bárbaros travavam uma batalha. De tão acirrada ela continuou, apesar da Trégua Sagrada. Quando os eólios venceram, um dos guerreiros deixou o campo de luta e, completamente armado, correu para Olímpia, a fim de

comunicar a vitória. Por chegar ao estádio em roupas guerreiras, a prova passou a ser realizada para comemorar o fato e festejar a derrota dos bárbaros.

A distância a ser percorrida era igual à do diaulo e os concorrentes participavam com uma leve roupa de linho, armadura, capacete, lança e escudo. De início também usavam pesados calçados e polainas de metal. Durante o percurso deveriam desembaraçar-se da vestimenta e atingir a linha de chegada completamente despidos.

A corrida armada era um evento árduo, por causa dos incômodos petrechos, calor e peso dos escudos. Estes, todos iguais, permaneciam guardados no templo de Zeus e, no momento da prova, eram entregues aos atletas. Embora fosse uma corrida, não integrava o programa de atletismo porque se desenvolvia como evento bélico.

AGIR COM PRECISÃO:

O treinamento bem orientado, e os conselhos dos treinadores, deverão ser respeitados e levados a sério. Isso é retratado no filme *Carruagens de fogo*, que conta a história dos Jogos Olímpicos realizados em Paris, no ano de 1924.

O vencedor da prova de 100 metros rasos foi o inglês Harold Abrahams. Sam Mussabini, treinador do atleta, antes da prova deu-lhe o seguinte conselho: "Pense só em duas coisas: o tiro de partida e a fita de chegada. Quando ouvir o primeiro, corra feito um desesperado até cortar a segunda".

E não é isso que devemos fazer, quando temos um trabalho a executar? Se ele está idealizado, programado, planejado e pronto para ser feito, é preciso dar a partida, agir com precisão e chegar ao final... Seja que trabalho for. Afinal, somente a dedicação perseverante é capaz de vencer as etapas de qualquer realização. Acomodar-se ou negligenciar uma tarefa e providências é condenar ao esquecimento o que desejamos alcançar, ou executar um abortamento do projeto.

No treinamento dos corredores era empregada grande variedade de exercícios. Antes das provas os competidores faziam uma ginástica preparatória, que favorecia o aquecimento muscular e facilitava o trabalho das articulações. Desenhos da fase inicial dos Jogos Olímpicos mostram corredores fortes e robustos. Mais tarde, com a diversificação dos eventos, houve mais condições de escolha dos participantes conforme o biótipo.

PENTATLO
OS MAIS BELOS DE TODOS

Integrava o programa de atletismo um evento combinado chamado **pentatlo** (*pente* = cinco, *azlon* = luta). Prova difícil que exigia excelentes qualidades físicas e muito treinamento. O participante deveria ser um atleta completo: esbelto, veloz, flexível, dono de musculatura rígida, potente e bem desenvolvida. Para Aristóteles eram os mais belos dentre todos os que competiam em Olímpia. Foram muito solicitados pelos artistas que os reproduziam, de preferência, lançando disco e dardo.

Embora representasse uma única prova, incluía cinco disciplinas: lançamento do disco, salto em extensão, lançamento de dardo, corrida de velocidade e luta. Quem obtivesse mais vitórias nos quatro primeiros eventos participaria da prova final. Dificilmente um lutador conseguia vencer. Esse privilégio era, normalmente, de um corredor ou saltador, daí concluir-se que a luta deveria ser a última disciplina do pentatlo.

O LANÇAMENTO DO DISCO era muito apreciado pelos gregos e praticado muito antes da sua inclusão como disciplina olímpica. Era considerado exercício elegante, que proporcionava o desenvolvimento harmonioso do corpo humano.

Originariamente, os discos empregados como arma de guerra eram usados nas competições esportivas. Tratava-se de peças rústicas que, mais tarde, passaram a ser fabrica-

AGIR COM PRECISÃO:

Interessante estabelecer um paralelo entre as qualidades físicas que caracterizavam os pentatletas, e os desafios humanos.

A sociedade dos dias atuais também exige versatilidade. Para que o indivíduo saiba enfrentar os imprevistos que a vida possa apresentar, deverá ter uma visão geral do mundo e ser capaz de superar os obstáculos, adaptando-se às diversas situações que lhe são apresentadas.

Quanto mais versatilidade for incorporada ao comportamento, respostas mais eficazes serão oferecidas e isso significa habilidade e capacidade de transformar circunstâncias e situações, para caminhar em direção ao sucesso. Seja ele esportivo, ou não.

das em bronze. Em alguns deles estava gravada a figura de um pássaro, talvez pelo fato de o disco cortar os ares como uma ave.

Cada participante efetuava três lançamentos. A técnica não pode ser bem definida em face da grande variedade de informações e ilustrações de atletas nas mais diversas posições.

O SALTO EM EXTENSÃO era praticado, nos Jogos Olímpicos, apenas como integrante do pentatlo. Não se sabe ao certo qual era a técnica adotada.

Com segurança sabe-se que o saltador atuava segurando dois halteres, fartamente

mencionados nas narrativas e registrados nos desenhos da época. Feitos em pedra ou chumbo, por serem objetos pessoais, possuíam forma e peso que variavam de acordo com a categoria e compleição física do atleta. Alguns eram peças achatadas com formato de rim e possuíam um orifício que permitia uma empunhadura mais firme. Outros eram iguais aos halteres de hoje e havia ainda exemplares com formato de um pequeno sabre, com maior peso na parte dianteira.

A prova de salto em extensão decorria ao som da ária pítica, criada em homenagem a Apolo e executada em flauta dupla. Segundo as lendas, o deus da luz obteve diversas vitórias nessa prova e os gregos acreditavam que, sendo homenageado, protegeria o atleta e favoreceria o resultado. A música proporcionava, também, sincronização de movimentos.

Por sua elegância, o salto em extensão foi o evento mais representativo do pentlato.

LANÇAMENTO DO DARDO – Atividade bélica e de caça, que se transformou em disciplina esportiva. As lanças adotadas nas competições eram menores e mais leves que as dos soldados, embora confeccionadas da mesma forma: corpo de madeira e aguda ponta de metal.

Uma estreita tira de couro, medindo cerca de 50 centímetros, era enrolada no centro de gravidade do dardo. Possuía uma argola ou laçada na ponta, por onde o arremessador passava o dedo médio. Na hora do lançamento essa correia era puxada bruscamente, imprimindo ao dardo um movimento de rotação que dava estabilidade à sua trajetória. Para melhor compreensão, a técnica pode ser associada à do "rodar pião", brinquedo comum de crianças.

Nos Jogos Olímpicos, o atleta efetuava uma corrida para tomar impulso antes de fazer o lançamento. Quem ultrapassasse a linha demarcatória era desclassificado. O dardo precisava cair dentro de um terreno delimitado e vencia quem o lançasse mais longe. Era uma prova que, a exemplo do lançamento do disco, associava alcance e precisão. A sincronização de movimentos, elegância na execução e a beleza do lançamento eram consideradas.

A prova de corrida disputada no pentatlo era o dromo ou estádio.

LUTA – Combate refinado e gracioso, mais parecido com um espetáculo acrobático. As pinturas e esculturas representativas mostram certos detalhes técnicos que figuram no esporte atual.

Para a maioria dos autores representava apenas a última disciplina do pentatlo. Para Plutarco era a mais artística das provas olímpicas. Enquanto os lutadores propriamente ditos eram fortes e pesados, os pentatletas que se defrontavam na luta eram, geralmente, esguios, harmoniosos, hábeis e elásticos.

Integrava o pentatlo a luta vertical. Os lutadores participavam despidos e o corpo era untado com óleo. Para protegerem os cabelos do contato com a areia, muitos deles cobriam a cabeça com uma espécie de touca de pele de cão.

A luta era praticada a mãos limpas e a agilidade sobrepunha-se à força bruta. Caracterizava-se por rápidas esquivas, pois o importante era escapar do oponente. Agarravam-se pelos braços, davam rasteiras e cabeçadas. Um dos golpes mais usados recebeu o nome de "presa de Héracles", seu provável criador. O lutador prendia o adversário pela cintura suspendendo-o e, a seguir, projetava-o no solo.

A prova desenvolvia-se em um círculo arenoso que era revolvido com uma espécie de picareta, para amortecer as quedas. Ao lutador que se sagrasse vencedor, sem ser derrubado pelo adversário, era outorgada a vitória sagrada. A coroa de ramos de oliveira não ficava em seu poder – era oferecida aos deuses.

Com o pentatlo, o programa de atletismo dos Jogos Olímpicos estava completo.

O MAIOR ATLETA DO MUNDO:

Nos Jogos Olímpicos de Estocolmo, realizados em 1912, integraram pela primeira vez o programa de atletismo duas provas combinadas: o pentatlo e o decatlo. O vencedor dos dois eventos foi um índio norte-americano.

James Thorpe, nascido em Shawnee, Oklahoma, no ano de 1886, era um mestiço da tribo Sauk-and-Fox. Consta que, no momento do seu nascimento, sua mãe viu um grande clarão no bosque. Por essa razão e, seguindo um velho costume índio, ele foi batizado com o nome de Wa-to-Huck, que quer dizer "Caminho Brilhante", ou "Destino Brilhante".

Aos 20 anos de idade ingressou na Universidade Indígena de Carlisle e transformou-se em grande esportista. Nos Jogos Olímpicos de Estocolmo, nada nem ninguém igualou-se a "Jim" Thorpe. No pentatlo venceu os 200 e 1.500 metros rasos, salto em distância e lançamento do disco. Foi o terceiro no lançamento do dardo. No decatlo ganhou quatro das dez provas e classificou-se em segundo lugar nas outras seis. Jamais, anteriormente, qualquer outro atleta havia apresentado nível técnico tão elevado.

Tornou-se a pessoa mais popular de Estocolmo e, quando foi chamado para receber seus prêmios, o público de lotava o Estádio Real colocou-se de pé para aplaudi-lo. Foi nesse momento que "Jim" estabeleceu um precedente histórico no protocolo internacional. Dirigiu-se ao rei Gustavo V, da Suécia, nos seguintes termos: "Oi, rei!" Sua Majestade cumprimentou-o dizendo: "O senhor é o maior atleta do mundo!". "Jim" Thorpe, o Destino Brilhante, foi o primeiro campeão olímpico do pentatlo, na Era Moderna.

ESPORTES DE ATAQUE E DEFESA
Uma prece a Zeus

Luta, pugilato e pancrácio eram esportes de ataque e defesa. Despertaram muito interesse e alcançaram grande prestígio. Deram origem à luta greco-romana, boxe e luta livre, disputados atualmente.

A luta horizontal era a mais divul-  gada. Representava modalidade específica no programa olímpico e um sorteio definia os lutadores que deveriam defrontar-se. Dentro de uma urna de prata consagrada a Zeus, eram colocadas fichas onde estavam gravadas letras do alfabeto em duplicata. O atleta dirigia uma prece a Zeus, retirava a sua ficha e mantinha a mão fechada. Depois que todos haviam feito o sorteio, os lutadores formavam um círculo e um dos juízes divulgava o resultado. Os que possuíssem letras idênticas defrontavam-se. Quando havia número ímpar de atletas, era acrescentada uma ficha avulsa. Quem a sorteasse aguardava o momento da luta final e levava vantagem, porque combatia descansado. O sistema adotado era o de eliminatórias simples. Os vencedores continuavam disputando e os perdedores iam sendo eliminados.

A maioria dos autores informa que os contendores iniciavam a luta em pé e, quando um deles perdesse o equilíbrio, o combate prosseguia no solo. Estudavam-se demoradamente antes de tentar uma aproximação. Usavam chaves de braço, de pescoço, de tronco e projeções, mas as chaves de pernas e golpes baixos eram proibidos. Vencia quem conseguisse manter a espádua do oponente junto ao solo por três vezes, ou o obrigasse a desistir por cansaço ou lesão. O tempo não era fixo e, constantemente, os combates eram muito demorados.

Na arte cerâmica dos primeiros tempos dos Jogos Olímpicos, os lutadores eram representados como atletas de físico harmonioso e musculatura flexível. Já no início da Era Cristã, transformaram-se em montanhas de músculos e gordura, chegando mesmo à obesidade.

O PODER DA PRECE:

O lutador dirigia uma prece a Zeus, antes de retirar a ficha que identificava o adversário. A oração é valioso recurso de equilíbrio e serenidade, fonte de forças e harmonização interior, luz capaz de nortear o caminho humano. Não pela quantidade de palavras ou posturas, mas pela sinceridade do coração e fraternidade das intenções. Dizem que uma prece bem-feita arrebenta a porta do céu.

Consta de Mateus, 6:8 – "(...) porque Vosso Pai sabe o que vos é necessário, antes de vós lho perdirdes".

MILON, O MAIS FORTE DA GRÉCIA – Nenhum lutador da Antiguidade comparou-se a Milon. Era natural de Crotona, cidade da Magna Grécia, famosa pelo clima saudável e pela escola pitagórica. Além de importante centro de descobertas científicas, a filosofia adotada por Pitágoras e transmitida nesse estabelecimento entusiasmou os jovens gregos. Um dos grandes méritos de Crotona foi ter quebrado a hegemonia esportiva de Esparta.

A cidade forneceu grande número de campeões olímpicos e Milon foi um deles. Autor de uma obra intitulada *Physiká* e um dos alunos prediletos do grande filósofo e matemático Pitágoras, alcançou a celebridade pela força descomunal que possuía. Conservou durante 24 anos o título de "homem mais forte da Grécia" e o de "mais colossal que jamais existiu". Era o protótipo de Héracles e das várias histórias que envolveram seu nome destacam-se as que seguem.

Alimentava-se diariamente com 6,5 quilos de carne, 6,5 quilos de pão e três litros de vinho, sendo que essa quantidade foi aumentando com o passar do tempo. Preparava-se com longas caminhadas, levando um pequeno bezerro nos ombros. Esse exercício era diário e executado sempre com o mesmo animal, durante os quatro anos que separavam os Jogos Olímpicos. O bezerro aumentava de peso gradativamente e, dessa forma, Milon apurava sua força. Sendo real essa afirmativa, trata-se do primeiro treinamento com base científica de que se tem conhecimento.

Em Olímpia, após cada vitória, transportava nos ombros o touro com o qual havia treinado. Dava a volta ao estádio e, enquanto alguns dizem que matava o animal dando-lhe apenas um soco na testa, outros asseguram que o depositava diante do sacerdote para ser sacrificado em homenagem ao seu sucesso. Depois de cozido, Milon comia-o sozinho.

Segundo Pausânias, Milon carregou até o Altis a pesada estátua de bronze que foi esculpida em sua honra. Aos 45 anos de idade, participou pela sétima vez dos jogos em Olímpia e defrontou-se com o concorrente Timasiteos. Forte e bem mais jovem que Milon, Timasiteos soube evitar com grande agilidade os golpes do campeão que, esgotado, abandonou o combate.

O MELANCÓLICO FIM – Anos mais tarde, Milon frequentava as palestras e entristecia-se por sentir-se abandonado pelo vigor da juventude. Os fatos narrados sobre sua vida nunca foram desmentidos ou confirmados, mas Galeno, o famoso médico, julgou-o tão irracional quanto o bovino que transportava nos ombros. Reforçava a afirmativa, falando da atitude infantil que provocou sua morte.

Em um campo de Crotona, Milon encontrou uma árvore separada ao meio e mantida aberta por pranchas de cunhar moedas. Colocando as mãos na fenda, reuniu forças e, num impulso, afastou as duas partes da árvore. As pranchas caíram, as metades se junta-

MERCADO DOS MÚSCULOS:

Fruto da experiência e de estudos, a preparação de atletas na atualidade ocorre utilizando-se treinamentos com sobrecarga, como fazia Milon de Crotona, por puro instinto.

Por outro lado, ele se alimentava de forma exagerada para aumentar a massa muscular e, com isso, ficar mais forte. Na atualidade, para esse fim, existe o que se convencionou chamar de "mercado dos músculos".

Vários tipos de drogas são ingeridas para aumento da massa muscular, estímulo de desempenho ou para fortalecerem a capacidade de atuação, pois aumentam a rapidez de reação, a atividade motora e retardam o aparecimento da fadiga. O uso constante das drogas provoca desde problemas de nutrição até hemorragias cerebrais e morte prematura. A dopagem é detectada por meio de exame de urina. Em 1968, nos Jogos da Cidade do México, pela primeira vez na história do esporte olímpico, foram efetuados testes de verificação de dopagem e de comprovação de feminilidade, estes, porque algumas atletas passaram a ingerir hormônios de natureza química, para melhorar a performance esportiva. E muitas vezes, por causa do uso exagerado, deixaram de possuir organismo geneticamente feminino. Nestes casos, elas são penalizadas pelo Comitê Olímpico Internacional.

ram e Milon permaneceu com os braços presos. Apesar do esforço não conseguiu libertar-se. Vencido pelo cansaço, foi devorado pelos lobos que existiam em abundância na região.

Esse foi o melancólico fim do mais famoso lutador da Grécia Antiga.

PUGILATO
A ORIGEM DO BOXE

Luta mais violenta e antecedente do boxe. Se de início era praticado a mãos limpas, com o tempo foram utilizadas bandagens que deram lugar a longas e estreitas tiras de couro. Com essas correias eram envolvidos os pulsos, polegares e, unidos, os quatro dedos das mãos, ficando livre a parte superior, para garantir a liberdade de movimentos.

Mais tarde, foram incrustadas nessas tiras pequenas bolas de chumbo ou ponteiras de metal, que tornaram os golpes muito perigosos. Finalmente, tiras de couro cru passaram a ser trançadas e, a exemplo de luvas, protegiam mãos e antebraços. Recebiam o nome de *cestos* e alguns deles possuíam aros de ferro e bronze. Os combatentes lutavam despidos e cobriam a cabeça com uma calota de couro reforçada com bronze, que protegia a nuca, o nariz e a testa.

O pugilato se desenvolvia no centro do estádio. Em lugar visível a todos os espectadores, era traçado um círculo em cujo interior ocorria o combate. Não havia separação por categoria ou compleição física. Todos eram incluídos em uma só classe e o sorteio de duplas processava-se da mesma forma que na luta.

Não havia limite de tempo e durante a luta ocorriam pausas para descanso dos participantes, anunciadas pelo som de flautas. Era considerado vencedor aquele que pusesse o adversário fora de combate por nocaute, ou o levasse a abandonar a luta em virtude de esgotamento ou lesão. Quando pretendia declarar-se vencido, o atleta fazia um sinal para o juiz da prova.

Com o passar do tempo, a elegância de movimentos foi esquecida, e o pugilato transformou-se em evento brutal, altamente agressivo. A maior preocupação era golpear antes de ser atingido. Havia mais lesões corporais que luta propriamente dita. O pugilista deixava o estádio com dentes quebrados, orelhas inchadas e nariz fraturado. O pugilato tornou-se tão brutal que, muitas vezes, mesmo antes de se iniciar a contenda, participantes, espectadores e juízes sabiam que o evento se transformaria em combate mortal.

O PUGILISTA MODERNO:

Na Era Moderna, o boxe passou a integrar a programação olímpica oficial a partir de 1908, nos Jogos de Londres e, até a presente data, só deixou de ser disputado em Estocolmo.

O boxe ou pugilismo é um esporte que exige dos praticantes resistência física, força, habilidade e agilidade. Além das qualidades físicas e técnicas, o pugilista moderno deverá possuir rapidez de raciocínio e de ação tática.

O PROFISSIONALISMO – Parece que nesse evento ocorreu também a única manifestação de covardia em toda a história dos Jogos Olímpicos. Serapião, um alexandrino, intimidado, fugiu de Olímpia na véspera do combate.

Foi no pugilato que surgiu a semente do profissionalismo e onde, pela primeira vez, os nobres ideais Olímpicos foram desonrados. Além do treinamento intensivo, os atletas estavam sujeitos a perigosas lesões e não mais se contentavam em receber como prêmio apenas uma coroa de folhas de oliveira. Nos Jogos Olímpicos de 388 a.C., Eupolos da Tessália subornou seus cinco adversários, prometendo recompensa financeira se facilitassem sua vitória. Tudo ocorreu conforme o combinado. No momento de entregar o dinheiro, Eupolos recusou-se, alegando que vencera graças à sua superioridade. Diante disso, os lesados apresentaram denúncia aos juízes e o Senado Olímpico aplicou sanção econômica a todos os envolvidos na fraude. Com o produto das multas foram erigidos os seis primeiros zanes e afixados em local de passagem obrigatória de todos os participantes. Em uma das colunas de sustentação estava escrito: "Não é com dinheiro, mas com pernas velozes e um corpo vigoroso que se consegue a vitória em Olímpia". A partir desses Jogos também foi instituído o juramento olímpico.

PARA A GLÓRIA DO ESPORTE:
O juramento olímpico, em reedição daquele proferido pelos gregos na Antiguidade, passou a integrar a cerimônia de abertura dos jogos modernos, a partir da Olimpíada da Antuérpia, em 1920. Nesse evento, foi proferido pelo esgrimista belga Victor Bouin, e possui os seguintes termos:
"Juramos participar dos Jogos Olímpicos como concorrentes leais, respeitando os regulamentos que os regem e decididos a competir com espírito cavalheiresco, para a honra do nosso país e a glória do esporte".

Glauco de Caristo, verdadeiro gigante, venceu duas vezes nos Jogos Olímpicos e Píticos e obteve oito vitórias nos Ístmicos e Nemeus. Glauco era lavrador. Certa vez, enquanto trabalhava no campo, a relha separou-se do arado. Uniu as peças usando a mão fechada para golpear, em vez do martelo. O pai presenciou a cena e inscreveu-o para o pugilato. Por falta de conhecimento técnico, ao participar das eliminatórias, Glauco foi ferido. Quando se preparava para abandonar o combate, o pai gritou: "Filho, o golpe do arado!". Glauco socou a cabeça do adversário de cima para baixo e, com esse golpe, sagrou-se bicampeão olímpico.

OUSAR, PARA VENCER:

A coragem de mudar fez de Glauco de Caristo um grande campeão. A coragem é virtude que pede prudência, mas também criatividade, ousadia equilibrada, com a capacidade de perceber que vários são os caminhos para as conquistas desejadas. Permanecer preso a modelos ultrapassados é transformar-se em mero copiador ou repetidor. Graças à coragem de mudar é que os progressos se fazem, porque o temor das inovações impede muitas pessoas de seguirem o caminho que conduz ao êxito.

A OUSADIA DE CALIPÁTIRA – Diágoras de Rodes tornou-se famoso por ter conseguido, no pugilato, duas vitórias em Olímpia, duas em Nemeia, quatro em Corinto, além de várias outras em festivais menos expressivos. Caracterizou-se por lutar com coragem e lealdade. A VII ode olímpica de Píndaro era dedicada a Diágoras, que foi considerado o melhor lutador dos Jogos Olímpicos celebrados em 464 a.C. Era filósofo e cognominado "Diágoras, o ateu", por ter destruído estátuas de deuses pagãos. Essa atitude lhe valeu a morte no exílio.

Três dos seus filhos também foram campeões em Olímpia. Consta que dois deles venceram no mesmo dia e, após suas vitórias, foram buscá-lo entre os espectadores, carregando-o nos ombros pelo estádio, enquanto a multidão gritava: "Morre, Diágoras. Agora não tens mais nada para invejar aos deuses". Embora uma das versões assegure que, realmente, ele morreu de alegria, a certeza de sua morte no exílio contraria essa narrativa.

Diágoras já havia falecido quando tiveram início os Jogos de 396 a.C., com um esplendor nunca visto. Pela primeira vez foram promovidos concursos de arte e literatura, dos quais participaram os mais célebres nomes da época.

Pisidoros, neto de Diágoras, era pugilista e foi classificado para disputar o título com Neomon, verdadeiro gigante. Para participar da jornada olímpica, Pisidoros foi treinado pela mãe, Calipátira. O combate foi árduo e demorado. Quando Neomon abandonou a contenda, vencido, um dos treinadores afastou-se do local a eles destinado e correu a abraçar o jovem campeão. Soluçando, o treinador jogou ao chão a longa túnica masculina que vestia. A multidão, muda de espanto, reconheceu Calipátira, a filha predileta de Diágoras.

Jamais, anteriormente, alguém ousara desobedecer à lei que impedia o acesso de mulheres casadas ao estádio, durante os Jogos Olímpicos. A punição para esse crime era a pena de morte. Mas, compreendendo os motivos que levaram Calipátira a cometer o sacrilégio, os magistrados complacentes aplicaram-lhe a sanção destinada aos que blefavam: guarnecer com uma nova estátua um dos erários.

A partir desse dia, também os treinadores foram obrigados a apresentarem-se despidos para as competições. Por volta de 1980 um grupo de mulheres fundou na Grécia uma associação de atletismo. Trata-se de uma organização olímpica e foi denominada Callipateira, em homenagem à corajosa filha de Diágoras, que ousou promover nos Jogos Olímpicos da Antiga Grécia a primeira manifestação pública de feminismo.

AMOR UNIVERSAL:

A atitude ousada de Calipátira foi devida ao amor ao esporte e à verdade. E, por amor à verdade, ela enfrentou a morte e venceu-a.

Se algum dia forem promovidos os Jogos Olímpicos dos sentimentos, por certo o amor, nas suas diversas expressões, ocupará todos os lugares do pódio. Porém, o primeiro lugar ficará destinado ao amor maternal, esse amor que tudo faz, sem exigir nada em troca. Como o amor de Calipátira.

PANCRÁCIO
GOLPES PESADOS E BRUTOS

Pancrácio era a mistura de luta e pugilato, mas não apresentava as características elegantes desses eventos. A rapidez e movimentos de surpresa que caracterizavam a luta, bem como a apurada técnica do pugilato, desapareciam para ceder lugar a golpes pesados e brutos. Por ser um esporte perigoso, exigia dos participantes força intensa e vigorosas qualidades físicas.

Atraía grande público e os espectadores acompanhavam os movimentos dos atletas com entusiasmo e histeria.

A prova realizava-se num círculo de solo rígido, que era abundantemente regado. O piso escorregadio favorecia a queda dos lutadores, provocando hematomas e fraturas. À exceção de furar os olhos, morder ou arranhar, tudo era permitido: socos, golpes com os pés, cabeçadas, torceduras e estrangulamentos. Mesmo que um dos contendores caísse, continuava a ser golpeado. Dada a brutalidade, o pancrácio podia levar o lutador à morte e isso atemorizava os próprios atletas. Existem informações de que os pancratistas eram incultos, brutais e procediam das regiões mais atrasadas da Grécia.

I CORÍNTIOS, 9:25 – *"E todo aquele que luta, de tudo se abstém; eles o fazem para alcançar uma coroa (...)"*.

VENCIDO PELA MONTANHA – Pulidamos foi um pancratista famoso que obteve diversas vitórias em Olímpia. Alguns dos seus feitos foram inscritos na coluna de sustentação da sua estátua e outros revelados por escritores antigos. Para mostrar sua força e provar que era tão forte como Héracles, matou a mãos nuas um grande e feroz leão. De outra feita, escolheu o maior e mais selvagem touro de um rebanho e segurou-o pelo casco de uma das patas traseiras. O animal, para libertar-se, pulou e debateu-se com vigor. Após muito esforço, conseguiu fugir, deixando o casco nas mãos de Pulidamos. Em outra oportunidade, aceitando um desafio, lutou ao mesmo tempo contra três persas que morreram em virtude dos golpes recebidos.

Pudidamos morreu tragicamente porque, a exemplo de Milon de Crotona, confiou demais em sua força. Num dia de muito calor refugiou-se com alguns companheiros em uma gruta. O teto começou a rachar e todos fugiram apressados. Mas Pulidamos permaneceu no local de braços estendidos, apoiando as mãos no teto para impedir o desmoronamento. Morreu soterrado, porque estava convencido de que jamais seria vencido por uma montanha.

Dizem as lendas que os espartanos não participavam do pancrácio. Para eles, acostumados a árduos treinamentos desde a infância, a incapacidade de prosseguir num combate, ou ter de abandonar a arena por inferioridade diante do adversário, representaria humilhação difícil de suportar.

COMEÇA A DESTRUIÇÃO:

Os gregos costumavam dizer: "Quando os deuses querem destruir um homem, primeiro o enlouquecem". Não será o excesso de vaidade, uma forma de loucura? A Grécia Antiga nos dá dois exemplos cristalinos: Milon de Crotona e Pulidamos. Vaidosos, ambos acreditaram demais na própria força e foram destruídos. Porém, a história contemporânea continua mostrando que os helenos tinham razão... Não apenas no campo do esporte, mas em vários setores de atividades, o homem deixa-se dominar pela vaidade e é, nesse autoendeusamento, que começa a destruição. Como preconizavam os gregos.

ESPORTES EQUESTRES
DA TERRA SURGIU O CAVALO

Grande prestígio era desfrutado pelos esportes equestres, pois o cavalo desempenhou importante papel na Grécia clássica. Os cavalos comuns eram denominados *hippos* e os de corrida, *celes*.

Segundo o mito, na disputa com Atena, Poseidon, para mostrar qual deveria ser o mais valioso presente dos deuses aos mortais, feriu o solo com seu tridente e das entranhas da terra surgiu o cavalo. Deram-lhe a honra de ser unido à figura humana, na forma de centauro. Além disso, foi imortalizado nas pinturas da época e serviu de motivo para as esculturas decorativas dos grandes templos gregos.

Como a *equitação* deveria, obrigatoriamente, completar a educação dos jovens da nobreza grega, pouco a pouco adquiriu popularidade entre as demais classes sociais e foi incluída no programa olímpico. Surgiram muitas atividades equestres que podem ser divididas em dois grupos fundamentais: corridas de carros e corridas de cavalos montados.

As provas eram realizadas no hipódromo. De início era uma construção simples, uma grande reta medindo dois comprimentos do estádio. Possuía linhas demarcatórias na saída e na chegada. Na época áurea dos Jogos Olímpicos passou a ter formato oval. A pista era dividida em duas partes iguais, por uma longa e estreita espinha que tinha um marco em cada extremidade. O participante dava tantas voltas quantas fossem necessárias para cobrir o percurso estabelecido. Nos eventos equestres eram proclamados campeões olímpicos os proprietários dos animais vencedores.

Fazia parte do programa a corrida de bigas – carros puxados por dois cavalos – e a de quadrigas – quatro cavalos. Nestas, só os animais do centro estavam presos à lança do carro. Os outros não participavam do esforço de tração e serviam para aumentar a impressão estética. Com o tempo ocorreu o aumento do número de parelhas, mas a designação quadriga foi mantida. Novos estilos apareceram e os carros eram atrelados, também a mulas, éguas e potros.

A HABILIDADE DOS AURIGAS − Os carros eram leves, baixos e frágeis, com duas rodas de grande mobilidade. A traseira era aberta, mas as partes laterais e frontal eram munidas de um pequeno parapeito. O condutor chamava-se auriga e mantinha-se no centro da plataforma, segurando em uma das mãos as rédeas e na outra o chicote. Vestia uma túnica branca e não se sabe se envolvia a fronte com uma faixa para prender os cabelos ou usava uma espécie de capacete.

ENTRE O BOM E O MELHOR:
O espírito de competição sempre incentivará o aperfeiçoamento pessoal e o aprimoramento de métodos e aparelhos. O entusiasmado Cletas conquistou a imortalidade, porque executou um trabalho melhor que todos que o antecederam. Esse exemplo pode ser transferido, também, para o cotidiano. Seja qual for o trabalho, simples ou complexo, fácil ou difícil, deverá ser executado da melhor maneira possível. E, com referência à vida profissional, por mais especializado que o indivíduo seja, ele sempre terá possibilidade de melhorar um pouco mais. É esse cuidado de aperfeiçoar-se sempre, que faz a diferença entre o bom e o melhor e o indivíduo bem qualificado abrirá caminhos com mais facilidade, ampliando suas oportunidades de crescimento e valorização junto às empresas onde busque espaço. E não é só. O incrível progresso tecnológico alcançado atualmente também exige estudos, pesquisas, especialização, e permanente reciclagem. A competição é inevitável, cresce a cada momento e, por isso, o aprimoramento profissional tornou-se palavra de ordem.

O espetáculo era emocionante Dele participavam os mais famosos cavalariços do mundo grego e houve época em que uma única prova reuniu quase cem carros.

O sistema de partida sofreu diversas modificações. Finalmente, Cletas criou um mecanismo específico pelo qual os carros ficavam em formação pontiaguda. Ficou tão entusiasmado, que mandou erigir uma estátua onde registrou seu invento, que foi considerado o mais sofisticado de todos os usados nos jogos gregos.

Não se sabe ao certo se as distâncias a serem cumpridas equivaliam a oito voltas na pista (6.152 metros) ou doze voltas (9.229 metros). Além da prova tradicional foi instituída uma variante. O auriga saltava do carro, cumprindo o final do percurso em corrida pedestre, mas segurando as longas rédeas e guiando os animais até a chegada.

Os aurigas submetiam-se a um minucioso treinamento e o segredo da vitória dependia, principalmente, da habilidade do condutor. Ele deveria efetuar as voltas bem próximas da coluna de virada, para conseguir vantagens sobre os demais. Se a aproximação fosse muito grande, o carro poderia chocar-se com o marco e ficar despedaçado.

Dos muitos carros que partiam, era comum que apenas dois ou três conseguissem terminar a corrida intactos. A pista ficava repleta de destroços, aurigas feridos ou mesmo mortos. Enquanto alguns desafiavam a morte, amarrando as rédeas aos pulsos, outros prendiam na cintura um afiado punhal, a fim de cortarem as correias em caso de queda.

O poste do lado leste do hipódromo era muito perigoso. Os gregos acreditavam que o espírito de Taráxipo, que significa "aquele que espanta os cavalos", aí se ocultava para assustar os animais. Segundo outra versão, nesse local estava o feitiço enterrado por Pélope, para espantar os cavalos de Enomao. Disse Pausânias que, em Olímpia, antes das provas equestres era efetuada uma oferenda a Taráxipo, para conquistar sua proteção.

Nas corridas, a rivalidade estava presa também ao aspecto dos carros, que se tornavam cada vez mais sofisticados, e aos cavalos, sempre da melhor raça. Os especialistas eram muito disputados e pagos generosamente.

CONCENTRAÇÃO:

Além do treinamento exaustivo a que se submetiam, os aurigas precisavam, na hora da prova, manter-se com as energias e a vontade concentradas.

A concentração é a chave do sucesso, em qualquer empreendimento. Ela favorece a execução do trabalho a ser feito, enquanto a dispersão provoca desperdício de forças, comprometendo a atuação. Disse Emerson: "A única sabedoria da vida é a concentração; o único mal, a dissipação". Concentrar-se é superar-se.

A concentração, seja no esporte, seja no trabalho, é condição vital de êxito ou de boa execução ao que se pretende. Ela direciona esforços, concentra forças, persegue objetivos.

Uma das características marcantes de Alberto Santos-Dumont, inventor do avião, era a concentração. Ele empenhava todas as faculdades no trabalho que estava realizando e costumava dizer: "Todo sucesso é filho do esforço contínuo". Em 1906 Santos-Dumont recebeu o Diploma Olímpico de Mérito, conferido pelo Comitê Olímpico Internacional. Com a honraria, transformou-se no primeiro brasileiro a obter um prêmio olímpico.

O aperfeiçoamento permanente do avião proporcionou maior aproximação entre os homens e contribuiu para a propagação do ideal olímpico, que deve representar o símbolo da fraternidade universal por meio do esporte.

VENCER UM REI – Se no pugilato surgiu a semente do profissionalismo, este concretizou-se em definitivo nas competições equestres. Por ser prova da aristocracia, esta preparava os escravos para disputarem o evento e concedia-lhes a liberdade em caso de vitória. Isso empolgava os espectadores, que tinham oportunidade de ver um escravo competir e até mesmo vencer um rei ou tirano. De outro lado, monarcas e elementos da nobreza podiam conquistar o título de campeões olímpicos sem esforço físico, pois eram proclamados vencedores os donos dos cavalos e não os aurigas que arriscavam a vida na ânsia pela vitória.

Entre os grandes laureados, encontram-se os imperadores Filipe e Alexandre Magno da Macedônia, Tibério e Nero de Roma, Pausânias de Esparta, os generais Alcibíades, Cimon, Germânico, Milcíades etc.

Anaxilas, rei de Messênia, para comemorar seu triunfo na corrida de bigas, lançou em 480 a.C. a primeira moeda olímpica de que se tem notícia. Num tetradracma de prata foi registrado o evento. Anaxilas em cima do carro, segurava o laurel do triunfo, tendo ao seu lado Niké, a deusa da vitória.

A corrida de carros era uma atividade tão antiga entre os helenos que Homero, no canto XXIII da *Ilíada*, fez uma bela descrição da perícia dos aurigas participantes dos Jogos Fúnebres.

CORRIDA DE CAVALOS – Era muito valorizada, pois os gregos cultivavam o hipismo como uma arte. Em outros jogos gregos eram disputadas corridas de cavalos de guerra e lançamento de dardo a cavalo. A ausência dessas provas em Olímpia tornava os eventos hípicos muito simples e sem atrativos para o público.

A corrida de cavalos era realizada depois da corrida de carros. Era o menos prestigiado dos eventos esportivos e as referências são escassas.

A saída era em formação pontiaguda e o comprimento do hipódromo devia ser percorrido por duas vezes. O cavaleiro apresentava-se despido, prendia os cabelos com uma faixa e, eventualmente, colocava esporas. Não usavam sela, estribo ou freio. Cavalgava o animal em pelo e cobria-o com uma leve manta. Guiava-o segurando uma tira ou correia presa ao focinho. Se o cavaleiro caísse no percurso mas o animal cruzasse a linha de chegada em primeiro lugar, seu proprietário era declarado vencedor.

CAVALEIRO DAS EMOÇÕES:

Na atualidade existe uma prova hípica denominada adestramento, na qual são avaliados a regularidade do passo do animal, o trote, o galope, o recuar, a submissão, as transições, as mudanças de direção, além de outras figuras de alta escola. A coordenação de ações é importante, porque são julgadas a naturalidade do cavaleiro e a obediência da montaria. Os movimentos devem ser obtidos sem ação aparente do cavaleiro, que precisa ter postura absolutamente correta. E o cavalo deverá apresentar-se calmo, impulsionado, flexível, confiante e atento.

As emoções negativas do ser humano são como um cavalo selvagem, que precisa ser dominado. Há necessidade de um trabalho consciente para amansá-las e evitar piores consequências. A irritação, que representa apenas um desses sentimentos tão prejudiciais, consome inutilmente a energia cerebral, a nervosa e diminui a vitalidade do ser humano. O indivíduo precisa treinar esse domínio, ser perseverante e ficar a cavaleiro das suas emoções.

Se conseguir bom resultado, também será considerado um vencedor.

A VITÓRIA DE AURA – Apesar de despertar pouco interesse, dois fatos ocorridos nos Jogos Olímpicos foram muito comentados pelos escritores antigos. Segundo Pausânias, Fidolos inscreveu sua égua Aura para a corrida montada. O cavaleiro caiu no momento da saída, mas Aura estava treinada de tal forma, que continuou a prova sozinha. Efetuou corretamente o percurso e, incentivada pelo público, acelerou o galope, chegando em primeiro lugar. A seguir, consciente de sua vitória, encaminhou-se para a tribuna de honra e apresentou-se ao juízes. Pausânias afirma ter visto no Altis a estátua que Fidolos mandou erguer em sua homenagem. Em caráter excepcional os helanoicas concederam a autorização, por considerarem Aura uma égua possuidora de valentia e inteligência. Não existe menção sobre o ano em que o fato ocorreu.

No ano 268 da Era Cristã, um rei do Egito inscreveu sua concubina favorita, excelente amazona, para montar um dos seus cavalos na prova equestre dos Jogos Olímpicos. Ela sagrou-se vitoriosa e o rei mandou erigir santuários em sua honra, determinando que periodicamente lhe fossem oferecidos sacrifícios. Essa atitude foi criticada com energia por grupos que consideravam a participação feminina contrária aos regulamentos olímpicos.

Mas o fato não foi levado em conta porque, nessa época, os jogos instituídos para homenagear o grande Zeus já estavam em completa decadência.

A ALMA DOS ANIMAIS:

Há uma corrente filosófica que considera a existência da alma também nos animais. Independentemente de opiniões favoráveis ou contrárias, há que se considerar as reações apresentadas pelos animais, denotando sentimentos e inteligência, ainda que relativos. Basta analisar, simplesmente, a maneira como eles se comportam em comerciais para televisão ou filmes.

Seria a existência de uma alma nesses seres que participam tão ativamente da vida humana? Não importa a resposta, mas é evidente a integração dos animais na vida doméstica e, inclusive e principalmente, nos esportes.

Será correto considerá-los "irracionais"?

PROVAS JUVENIS E ARTÍSTICAS
INTERCÂMBIO CULTURAL

As *provas juvenis* eram eventos esportivos para *efebos*, palavra grega que significa "jovens". Com a inclusão desses torneios, os atletas eram agrupados em duas categorias. A primeira, de jovens até 18 anos; a segunda, de adultos, para os que tivessem ultrapassado essa idade. A afluência aumentou de maneira tão expressiva que os candidatos passaram a ser divididos em três grupos: infantis (até dezoito anos); imberbes (de dezoito a vinte anos) e adultos (acima de vinte anos).

Os pais e chefes das delegações apresentavam a prova de idade dos competidores. Na falta desse comprovante, e em caso de dúvida, cabia aos helanoicas a última palavra sobre a questão. Todos os problemas deveriam ser levantados e decididos no estágio de Elis.

Os eventos juvenis revelaram poucos atletas e muitos autores criticavam a inclusão dessas provas no programa olímpico, por acreditarem que alimentação forte e treinamento árduo fariam de jovens atletas, adultos apáticos.

Os regulamentos eram iguais para jovens e adultos. A única exceção era a corrida, cujo percurso era reduzido em uma sexta parte e a distância percorrida eram 160,2 metros. Há menção de que, nos centésimos terceiros Jogos Olímpicos (364 a.C.) ela foi vencida por um jovem de doze anos, fato considerado inédito em toda a história do olimpismo antigo.

Os campeões das provas juvenis recebiam, também, a coroa de ramos de oliveira e poderiam ter suas estátuas erigidas nos Altis.

EVENTOS ARTÍSTICOS
O TALENTO EM JULGAMENTO

Os *eventos artísticos* eram provas para arautos e trombeteiros, que se realizavam no Pórtico de Eco. Heródoto de Mégara alcançou a vitória nesse evento durante dez Jogos consecutivos, fazendo soar simultaneamente duas trombetas. Esse concurso deu origem aos *eventos artísticos*, pois normalmente muitos literatos se reuniam em Olímpia por ocasião dos Jogos. Os mais célebres iam como convidados de honra. Outros integravam as delegações de suas cidades. Havia, ainda, os que viajavam às próprias expensas, procurando notoriedade.

I CORÍNTIOS, 14:8 – *"Porque, se a trombeta der sonido incerto, quem se preparará para a batalha?".*

Nos intervalos das provas esportivas, aproveitavam para divulgar suas obras. Heródoto, com sucesso, lia para o público seus relatos sobre a vitória dos gregos na luta contra os persas. Píndaro passeava por Olímpia oferecendo seu talento àqueles que, vencedores, desejavam ser imortalizados em versos líricos. Além de o festival ser fonte de inspiração, proporcionava-lhes a oportunidade de proveitoso intercâmbio cultural. Daí surgir, como consequência desse contato, um concurso literário que obteve muito êxito e despertou grande interesse.

Dos eventos artísticos constavam provas de poesia, declamação, música, narrações de viagens, leituras e canto. Existem divergências quanto à outorga, aos vencedores, de coroas de ramos de oliveira. Nero incentivou as competições artísticas, mas elas decaíram muito na sua época. O imperador romano exigiu que os helanoicas incluíssem novos concursos para atores, cantores e músicos, fazendo-se proclamar vencedor em todos eles.

Dromo, diaulo, dólico, corrida hípica, hoplitodromia, pentatlo, luta, pugilato, pancrácio, corrida de quadrigas (com cavalos, mulas, éguas e potros), provas juvenis – corrida, luta , pentatlo, pugilato e pancrácio, provas para arautos e trombeteiros e eventos artísticos eram disciplinas do programa olímpico. No entanto, nunca chegaram a ser realizadas ao mesmo tempo. Quando uma prova era acrescentada, outras eram suprimidas e dessa forma havia uma alternância de eventos. Somente permaneciam fixas no calendário esportivo modalidades consideradas básicas dos jogos.

Em Olímpia o caráter da programação era exclusivamente individual. Para alguns autores, entre os gregos possivelmente o espírito de coletividade não existisse em provas esportivas, mas apenas para fortalecer os objetivos guerreiros.

PROGRAMAÇÃO OLÍMPICA
O CALENDÁRIO OFICIAL

Durante vários anos a programação durou apenas um dia, no qual se desenvolviam as cerimônias religiosas e a corrida do estádio. Com a inclusão de outras provas, o tempo de duração foi aumentando, gradativamente, até ser atingido o máximo de sete dias.

Embora as competições esportivas fossem a base do programa olímpico, o caráter religioso era acentuado, porque os Jogos sempre representaram um ato sagrado em honra a Zeus.

A maior festividade da Grécia Antiga iniciava-se no momento em que todos os participantes deixavam Elis e se dirigiam para a sede das competições. Ao final do estágio obrigatório, após a seleção dos concorrentes, separação por categorias e organização das provas, helanoicas, atletas e treinadores, a cavalo ou em carros, percorriam a "via sacra", estrada que unia Elis a Olímpia. O cortejo chegava à cidade-sede com grande pompa. Entrava no Altis pela porta do sul e era recebido calorosamente pela multidão.

Todos os dias de competição iniciavam-se com procissões no Altis e sacrifícios às divindades. Das várias versões existentes, os especialistas concluíram que, no período em que os Jogos atingiram o apogeu, os eventos se desenvolviam da seguinte maneira:

PRIMEIRO DIA
Cerimônia de abertura.
Dividia-se em duas partes, sendo a primeira inteiramente dedicada às atividades religiosas. Uma procissão saía do pritaneu dirigindo-se para o bosque sagrado onde, junto aos altares, os sacerdotes recebiam as oferendas. Guardavam os tesouros nos templos e, em seguida, celebravam os ritos expiatórios ao ar livre. Coroados com guirlandas de flores, imolavam os bois já preparados para o sacrifício: chifres pintados de dourado e borrifa-

MARCA INDELÉVEL
Os rituais são importantes e inesquecíveis. Recorde-se o cerimonial de um batizado, um baile de debutantes, uma colação de grau, um casamento ou uma comemoração de bodas de ouro. O momento especial, ansiosamente esperado e reunindo os partícipes daquela conquista, eterniza o fato, marcando recordações para sempre, seja na memória simplesmente, ou nos registros fotográficos e audiovisuais.

Cerimônias ou instantes solenes, não importa o nome, trazem o sabor especial de uma realização, em momento que passa a ser histórico. Se quando restrito já é importante, em um evento olímpico passa a ter status internacional.

dos com farinha, cevada e sal. A carne era cozida e servida num banquete. Queimavam as vísceras sobre incenso e as imolações eram acompanhadas do som de flautas, preces e cantos. Encerrados os sacrifícios religiosos iniciava-se a segunda parte da cerimônia.

Entusiasmo e aplausos – O cortejo rumava para o buleutério, onde atletas e seus pais, helanoicas, treinadores e todos os que, de uma forma ou de outra estivessem ligados aos Jogos, prestavam juramento solene, com os braços estendidos em direção à estátua de Zeus Hórkios, o Zeus vingador.

Depois, seguiam para o estádio e participavam do grande desfile, que só era iniciado quando todos os espectadores estivessem em seus lugares. À frente iam os arautos, tocadores de trombetas e flautas. Seguiam-nos os helanoicas, as delegações oficiais, atletas, treinadores, demais participantes, cavalos e carros. Findo o desfile, os atletas alinhavam-se no centro do estádio e um arauto chamava cada um deles, mencionando também o nome do genitor e a cidade de origem. O indivíduo dava um passo à frente e, à menção dos mais famosos, o público aplaudia com entusiasmo.

Alguns autores dizem que após a divulgação do nome, o atleta se aproximava do helanoica, ajoelhava-se e, com a mão direita levantada, pronunciava o juramento, alegando que não violara o código olímpico.

Terminadas as apresentações, o anunciador bradava aos espectadores que denunciassem os atletas que não possuíssem condições de participar dos Jogos, fosse por nascimento dito impuro, pena criminal, moral duvidoso ou comportamento indigno. É evidente que tal fato jamais ocorreu. Os helanoicas observavam com rigor essa exigência, na fase preparatória em Elis. Com essa pergunta, estava encerrada a cerimônia de abertura.

Certos autores registram que nesse primeiro dia realizavam-se, também, as provas para arautos e trombeteiros.

HOMENAGEM À GRÉCIA

Na atualidade, o desfile inaugural acontece na cerimônia de abertura dos Jogos Olímpicos.

As delegações inscritas deverão participar do evento e são precedidas por um porta-bandeira nacional.

Como homenagem ao berço do movimento olímpico, desde 1928, em Amsterdã, a Grécia é a primeira delegação a desfilar. Seguem-se as demais, em rigorosa ordem alfabética, no idioma do país anfitrião.

O desfile é encerrado pela delegação do país onde os jogos estão sendo realizados.

SEGUNDO DIA

Corridas pedestres:
Dromo, diaulo e dólico.

TERCEIRO DIA

Era disputado o pentatlo, chave de ouro das provas de atletismo.

Pela manhã, altas personalidades e atletas colocavam-se diante do pritaneu, em cujo interior a sacerdotisa oferecia um sacrifício à deusa Héstia. Ao final da cerimônia um sacerdote entoava o hino a Zeus, composto especialmente para a ocasião por um dos grandes poetas da Grécia. A procissão dirigia-se ao grande altar da divindade, sendo que a multidão distribuía-se pelo Altis. Vários sacerdotes, solenemente acendiam uma imensa fogueira. Ocorria, então, o momento mais importante de todas as cerimônias religiosas. Era realizada a hecatombe (matança de cem bois), que era o maior sacrifício em honra ao senhor do Olimpo. Enquanto os sacerdotes procediam à sangria dos animais, vários hinos eram entoados e os fiéis dançavam em volta do altar.

I Coríntios, 8 – *"Ora, no tocante às coisas sacrificadas aos ídolos, sabemos que todos temos conhecimento. A conhecimento incha, mas o amor edifica".*

Quarto Dia
Luta, pugilato e pancrácio.

Quinto Dia
Provas para jovens.

Sexto Dia
As corridas de carros e corridas de cavalos montados assinalavam, no hipódromo, o final das competições esportivas.

Sétimo Dia
Cerimônia de encerramento dos Jogos Olímpicos.

Se os helanoicas passavam quatro anos preocupados com a jornada olímpica, dedicavam-se com maior entusiasmo aos preparativos da apoteose final.

Uma grande procissão dirigia-se ao bosque sagrado, pois no Pórtico de Eco, diante do templo de Zeus, seriam proclamados os campeões. Os vitoriosos, vestidos com túnicas bordadas em ouro e prata, aguardavam compenetrados o momento da sagração. Um arauto divulgava o nome do "olimpiônico" junto com o do pai e o da cidade que ele representava. O atleta, a passos lentos, caminhava em direção dos helanoicas. Solenemente, era colocada em sua cabeça a coroa de ramos de oliveira.

ISAÍAS, 35:10 – *"(...) alegria eterna haverá sobre as suas cabeças: satisfação e alegria alcançarão e deles fugirão a tristeza e o gemido".*

A MAIOR AMBIÇÃO – A cerimônia revestia-se de grande dignidade. A multidão permanecia no mais absoluto silêncio, ouvindo atentamente os discursos das autoridades. Findo o ritual e, sob grande ovação, os vencedores conduzidos pelos helanoicas seguiam para o templo de Zeus. Ali ofereciam últimas ações de graças, depositavam as coroas ao pé da estátua da divindade e viam seus nomes serem gravados no calendário grego. Esse o grande momento, pois receber o título de "olimpiônico" era a maior ambição de todos os atletas. Os vencedores eram assim designados porque a denominação olímpico era concedida somente aos deuses.

Paralelamente, uma revoada de pombos branco anunciava o final dos jogos esportivos. Livres, também, pombos-correios, rapidamente dirigiam-se para todos os pontos do horizonte a fim de levarem ao conhecimento dos povos helenos os nomes dos vencedores. Precediam em muitos dias o retorno às cidades e aldeias, dos atletas campeões festejados em Olímpia. Assim, era possível preparar-lhes a grande recepção.

Nesse momento os Jogos Olímpicos estavam oficialmente encerrados. À noite era oferecido, no pritaneu, um farto banquete, onde bebidas e alimentos eram servidos sem restrição.

Assim Píndaro se referiu sobre a festa: "Quando ao anoitecer, a formosa Selene [Lua] envia sua bela luz, durante todo o banquete, todo o bosque ressoa com as notas do canto vitorioso".

2.500 ANOS DEPOIS...

Em 1964, na Olimpíada de Tóquio, os organizadores também usaram pombos-correios. Para facilitar e apressar a remessa de notícias, o jornal *Mainichi Shimbum* selecionou 200 pombos para atuarem durante as competições. Depois de um flagrante importante, o carretel de filme era colocado em um pequeno tubo e preso ao pescoço do pombo, que voava direto para a redação. Assim, as fotos mais importantes eram reveladas de imediato e ilustravam a primeira edição de jornal. Pode parecer estranho que, no meio de tantos aparelhos sofisticados e durante o evento esportivo que foi denominado "Olimpíada Eletrônica", os nipônicos tenham usado o mesmo método adotado pelos gregos, nos jogos da Antiguidade. Porém, esse sistema auxiliar ficou decidido após um minucioso estudo. Normalmente, as aves levavam a encomenda em uma velocidade de 50 a 60 km/h. Dependendo do horário, um veículo só teria condições de se locomover em média de 12 a 14 km/h. O mesmo método... 2.500 anos depois.

UMA CHUVA DE FLORES – No dia seguinte, processava-se o ritual de preparação dos novos heróis. Devidamente banhados, massageados com óleo e vestidos com roupa de gala, subiam em carros puxados por cavalos brancos. Conduzindo-os, retornavam escoltados às suas cidades. Havia festas em todos os lugares por onde passavam. Cercados de gentilezas, eram sempre alojados no local mais importante, pois os anfitriões sentiam-se honrados em hospedá-los.

> Isaías, 55:12 – *"Porque com alegria saireis, e em paz sereis guiados: os montes e os outeiros exclamarão de prazer perante a vossa face, e todas as árvores do campo baterão palmas".*

Sob uma chuva de flores e ao toque de trombetas, os campeões entravam em suas cidades por uma brecha cavada na muralha. A origem desse hábito prendia-se ao fato de os gregos considerarem o "olimpiônico" um cidadão que recebera sinais da graça divina, sendo favorecido com o dom da invencibilidade. Tratava-se, portanto, de um semideus e não poderia usar a passagem destinada a homens comuns. Merecia uma entrada especial.

Finda a recepção da chegada, o cortejo rumava para o templo da comunidade e o atleta, novamente, ofertava sua coroa à divindade. O título de "olimpiônico" era almejado e respeitado. Unido ao nome de um indivíduo, assegurava-lhe estima e consideração por toda a vida. Em Olímpia, competir apenas não satisfazia, pois não havia prêmios para o segundo nem terceiros colocados. Embora nos Jogos Olímpicos só fossem premiados os vencedores, um antigo aforismo grego dizia que "para ganhar é preciso saber perder".

Segundo Píndaro, em Olímpia, somente a vitória importava. Sobre o perdedor assim se expressou: "Ele anda furtivamente, golpeado pela má sorte. Nenhum sorriso amável saúda seu retorno".

Salmo 41:9 – *"Até o meu próprio amigo íntimo, em quem eu tanto confiava, que comia do meu pão, levantou contra mim o seu calcanhar".*

RECOMPENSAS
CALMARIA DOCE COMO O MEL

No início dos Jogos, o vencedor recebia apenas um pedaço da carne do animal sacrificado a Zeus. Com o tempo, os prêmios passaram a variar. Durante o verdadeiro período esportivo dos Jogos, fase em que o festival alcançou seu máximo esplendor, o único prêmio era o ramo de folhas de oliveira.

Heródoto mencionou que esse vencer desinteressado surpreendeu aos bárbaros. Tanto assim que Xerxes I, rei dos persas, ao tomar conhecimento do fato, antes de partir para uma batalha, exclamou publicamente: "Pelos deuses, Mardonius, quem são afinal esses homens contra os quais nos conduzem ao combate? São insensíveis ao interesse e só lutam pela glória?".

A coroa de ramos de oliveira era um prêmio apenas simbólico, pois as outras recompensas é que representavam a maior homenagem que os campeões poderiam receber. Os mais famosos poetas imortalizavam-nos em versos líricos. Os escritores em citações históricas, além disso, gozavam o privilégio de terem suas estátuas erigidas no Altis.

RESERVADAS ÀS DIVINDADES – A escultura obedecia a certos regulamentos, atentamente observados pelos juízes. O campeão não poderia ter os traços fisionômicos reproduzidos; a estátua deveria apenas registrar que a vitória significava um presente dos deuses. Somente após a terceira vitória olímpica é que os homenageados poderiam ter as feições esculpidas com fidelidade. A estátua deveria ter tamanho natural, pois as de maiores dimensões estavam reservadas apenas às divindades. Ultrapassar o tamanho permitido era falta muito grave. A obra era destruída, pois o homem não tinha o direito de igualar-se a um deus. Do pedestal constavam o nome do campeão, a prova que o celebrizara e vários dados complementares.

As estátuas podiam ser de madeira, pedra, bronze ou mármore. Embora Pausânias fale sobre três mil peças, foram encontradas no Altis somente colunas de sustentação. Em sua grande maioria as esculturas eram de bronze e é provável que tenham sido fundidas quando esse material se tornou escasso na Idade Média. Somente em Delfos foi encontrado um exemplar original, que reproduzia um auriga.

Plínio mencionou que a estátua era encomendada pelos próprios campeões, mas outros autores informam que representava dever sagrado de suas cidades, sendo a omissão punida pelos deuses. Dizem as lendas que uma delas não imortalizou no Altis a façanha de um vencedor e, durante onze olimpíadas (quarenta e quatro anos), não teve a honra de fazer nenhum "olimpiônico", embora classificasse vários competidores para os Jogos. As maiores autoridades locais prometeram aos deuses que, se um dos seus jovens conseguisse obter a vitória, a grave falta do passado seria reparada. Nos Jogos Olímpicos seguintes, tiveram a alegria de ver coroar um campeão, a quem foi erigida uma estátua em ouro e marfim.

Os nomes dos campeões, além de percorrerem todos os cantos da Grécia, repetidos por milhares de bocas, costumavam ser gravados nos muros dos edifícios públicos. Em placas de mármore, suas façanhas eram narradas em letras de ouro.

COMBATER AO LADO DO REI – Nos Jogos da quadragésima sétima olimpíada, Sólon, o grande legislador de Atenas, decretou a doação de 500 dracmas aos vencedores. Era uma recompensa valiosa, se considerarmos que, na época, os atenienses recebiam apenas 1 dracma por dia de trabalho. Além desse prêmio financeiro, eram isentos do pagamento de impostos e passavam a ter lugares especiais reservados nos teatros e cerimônias públicas.

Salmo 45:17 – *"Farei lembrado o teu nome, de geração em geração, pelo que os povos te louvarão eternamente"*.

Assim aconteceu com o grego Spyridon Louis, primeiro herói olímpico da Era Moderna. Natural de Marousi, uma localidade situada ao norte de Atenas, era carregador de água e pastor de ovelhas. Na infância, escutava com interesse as histórias que o avô lhe contava sobre os deuses gregos. Afirmava, sempre, que conseguia ver as divindades e ouvir suas vozes. Certo dia, ao regressar do pastoreio, Louis mencionou que os deuses fizeram-no retornar ao passado, colocando-o na "pele de Fidípedes", o famoso mensageiro, que levou a Atenas a notícia da vitória dos gregos na batalha de Maratona. Porém, as divindades esclareceram que ele repetiria o feito anos mais tarde e seria homenageado, não por anunciar uma vitória, mas por ser o vitorioso em uma competição esportiva e não por causa de uma guerra.

Quando foi divulgada a realização da corrida de Maratona, nos Jogos Olímpicos de Atenas, Spyridon Louis inscreveu-se e treinou. Passou a maior parte da noite que antecedeu a prova, ajoelhado diante das figuras sagradas, entre velas acesas, jejuando, orando e pedindo proteção aos deuses. Quando lhe diziam que permanecer tanto tempo nessa incômoda posição seria prejudicial ao físico, Louis respondia que cansava o corpo, para fortalecer a alma.

A Maratona de Atenas foi difícil e teve lances dramáticos. A alguns quilômetros da chegada, dos 25 corredores que deram a largada, apenas 8 continuavam na prova. Grande expectativa reinava em todos os lugares. De repente, um murmúrio crescente tomou conta do estádio: "Um grego está vencendo". A notícia foi transmitida com surpresa, alegria e emoção. O que aconteceu a seguir foi indescritível. Quando Louis chegou à porta do estádio Panatenaico, em primeiro lugar, exausto e todo sujo de pó, o público gritava em delírio: *Niké, Niké*, que significa Vitória! Vitória! A façanha de Spyridon Louis foi cantada em prosa e verso. Sua fotografia foi espalhada por toda a Grécia e várias homenagens acompanharam o herói olímpico até sua morte ocorrida em 1940. Em Marousi foi construído o complexo olímpico de Atenas, onde foi realizada a Olimpíada de 2004. Ele recebeu o nome do maratonista e a via pública situada em frente ao complexo chama-se avenida Spyridon Louis.

Assim, o primeiro herói olímpico da Era Moderna também teve o nome lembrado, de geração em geração.

Em outras cidades recebiam uma casa, terras e títulos de nobreza. Para os espartanos, indivíduos de características guerreiras, a maior homenagem era o direito de combaterem ao lado do rei.

Além disso, os "olimpiônicos" percorriam os ginásios e palestras de suas cidades, transmitindo conselhos, ministrando ensinamentos técnicos, encorajando a prática das atividades esportivas e incentivando o esforço pessoal como condição básica para a projeção do indivíduo na sociedade.

Os campeões eram respeitados em todo o território grego. É citado o caso do espartano Dorieus que, durante uma batalha contra os atenienses, foi feito prisioneiro. Sem resgate, foi libertado e reconduzido à tropa no momento em que ficou conhecida sua identidade. Havia triunfado em três jornadas olímpicas. Filipe de Crotona foi morto durante um ataque à Sicília. Por sua fama de grande campeão os inimigos erigiram-lhe um mausoléu. Alexandre Magno também libertou o chefe de uma legião tebana assim que foi descoberto que se tratava de um vencedor em Olímpia.

Nos Jogos Olímpicos da Antiga Grécia, o homem chegava como atleta e voltava para sua cidade como semideus. Píndaro escreveu: "Quem venceu em Olímpia, gozará, pelo resto da vida,de uma calmaria doce como o mel".

A MISERICÓRDIA

O vencedor em Olímpia era premiado, também, com atitude misericordiosa dos inimigos.

Que sentimento sublime é a misericórdia! Ele vai além da compreensão e tolerância, para estender a compaixão. O amor já é, por si só, a excelência dos sentimentos, distribuindo sem cessar. Quando há o equívoco, o desastre, a queda, a derrota, o amor estende a misericórdia.

O DECLÍNIO DA GRÉCIA

A FORÇA DA MACEDÔNIA
O GRANDE LÍDER

A rivalidade entre as várias cidades fez a Grécia entrar em decadência e, com ela, seus jogos esportivos. Os nobres conceitos morais e religiosos que os sustentavam desvirtuaram-se e o idealismo enfraqueceu à medida que o profissionalismo se fortalecia. O sentido de honra decaiu, para ceder lugar ao espírito de lucro. Os melhores atletas eram comprados pelas cidades e, dessa forma, cabia aos habitantes a honra de aclamarem um vencedor. Os aurigas aumentaram seus preços e os escravos trapaceavam nas corridas de carros, quando seus donos prometiam-lhes a liberdade em caso de vitória.

Os olimpiônicos já não eram mais o protótipo do atleta equilibrado e perfeito. Submetiam-se a um árduo treinamento, exageravam na alimentação para aumentar a capacidade gástrica e transformaram-se em montanhas de músculos.

As classes cultas iniciaram campanha maciça contra os esportes. No século V a.C. Hipócrates já dizia que o atleta supertreinado era uma figura absurda e antinatural, pois acima de tudo desprezava a busca da saúde. Para Galeno, médico do II século da Era Cristã, enquanto os montes de carne e sangue se acumulavam, o espírito chafurdava na lama.

À medida que a Hélade se enfraquecia, um território situado ao nordeste da Tessália começava a se transformar e a adquirir força. Era a Macedônia, cujo povo, também ariano, possuía muitas afinidades com os gregos, embora estes não os reconhecessem como helenos puros.

No século V a.C. os reis macedônios passaram a helenizar seus Estados e a receber na corte escritores, artistas e filósofos. Ambiciosos e fortes, apaixonados pela caça, guerra, pelas fartas refeições ruidosas, festas e banquetes, copiaram muitos costumes dos gregos.

Em 359 a.C. Filipe II subiu ao trono da Macedônia. Colocou em ordem as finanças, reorganizou e disciplinou o exército, formou tropas de infantaria, de cavalaria e construiu máquinas de guerra, para arremesso de setas. A fim de cobrir todas as despesas, explorou minas de ouro, cunhou moedas e criou impostos alfandegários.

Filipe II possuía marcantes traços de personalidade. Era ótimo cavaleiro e esportista, culto e diplomata, com extraordinário senso de oportunidade, pronta decisão, capacidade de organizar e administrar. Antes de tornar-se rei passara três anos em Tebas, como fiador da aliança firmada por seu pai com aquela cidade. Por sua ampla visão e inteligência superior, foi amigo de grandes pensadores como Aristóteles, Isócrates e assimilou o melhor da cultura helênica. Todas essas qualidades transformaram Filipe II em excelente chefe e grande líder.

A RENDIÇÃO DA GRÉCIA – Fortalecido em seu país, percebeu o enfraquecimento político-social dos helenos, caminhou para o território grego, conquistou cidades e estendeu seus limites. Em 346 a.C. Atenas, último ponto de resistência, pediu a paz e, nesse mesmo ano, Filipe II obteve a presidência dos Jogos Píticos. Em 338 a.C. impôs a supremacia da Macedônia à Grécia e, com isso, os macedônios adquiriram o direito de enviar delegação oficial e atletas aos Jogos Olímpicos. Até então, esse privilégio não era concedido a estrangeiros.

ECLESIASTES, 9:14 – *"Houve uma pequena cidade em que havia poucos homens, e veio contra ela um grande rei, e a cercou e levantou contra ela grandes fortificações".*

Filipe II tornou-se comandante supremo das forças gregas e, quando se preparava para atacar os persas, foi assassinado em Pela, capital macedônia, no ano de 336 a.C. Seu país, porém, associado à Grécia, já antecipava uma ampla e forte união de povos.

Seu filho Alexandre Magno, de apenas 20 anos, tornou-se imperador da Macedônia. De temperamento, ora violento, ora magnânimo, deu continuidade ao grandioso plano traçado pelo pai. Atropelou o mundo antigo e, quando conquistou o Império Persa, tornou-se senhor de um vasto domínio que abrangia Macedônia, Grécia e Oriente, do Egito até o Indo.

Numa das embocaduras do rio Nilo, no Egito, fundou Alexandria. Totalmente administrada no estilo grego, chegou a ser considerada "capital do mundo". Nessa cidade a civilização do antigo Egito fundiu-se à cultura grega. As letras, artes e medicina irradiaram-se para todos os lados e influenciaram grandes escolas.

Por onde os macedônios passavam, espalharam o pensamento grego. O fenômeno, que recebeu o nome de helenismo, foi preparado por Filipe II, provocado por Alexandre Magno e facilitado pelo fato de haver gregos em toda parte. O idioma dos helenos generalizou-se de forma expressiva entre as classes cultas. Durante muitos séculos, o gregoático foi o idioma conhecido por todo homem educado que vivia no amplo território que ia do mar Adriático ao golfo Pérsico.

O reinado de Alexandre Magno marcou uma época brilhante, mudou o curso da história da humanidade, transformou a feição do mundo antigo e exerceu uma influência que se estendeu por muito tempo.

Em 323 a.C., com a morte do poderoso rei, o "Império do Mundo" idealizado por Filipe II e sustentado por Alexandre Magno com tanto vigor foi dividido entre seus generais. Alguns conseguiram estabelecer dinastias longas e bem-sucedidas.

PROJEÇÃO DE ROMA
AUTORIDADE E PODER

Enquanto ocorria o domínio macedônio, surgia na Península Itálica um povo que, aos poucos, ia ficando forte e poderoso. A península foi povoada, entre outros, por gauleses, etruscos, gregos e, na parte média da península, viviam os italiotas, considerados os mais antigos moradores da região. Junto ao rio Tibre havia sete colinas. Uma delas formava um território chamado Lácio e foi denominada, depois, de monte Palatino. Abrigava pequena tribo de agricultores, os latinos, que viviam instalados em cabanas de barro com tetos de palha. Isso deve ter ocorrido no século VII a.C. O passar do tempo e aumento da população provocaram a expansão dos núcleos adjacentes e as colinas reunidas deram origem a uma cidade que se projetou no mundo inteiro: Roma.

De início, os romanos empenhavam-se em proteger suas fronteiras, mas no século II a.C. já eram considerados símbolo de autoridade. Ampliaram seus domínios, conquistaram novos espaços e submeteram ao seu poder os povos que viviam na Península Itálica.

Chegaram à região balcânica. Em 197 a.C., na Tessália, enfrentaram e venceram os macedônios. Em 196 a.C., durante a realização dos Jogos Ístmicos, o cônsul Quíncio Flamínio declara as cidades da Hélade livres do domínio dos macedônios. Com isso, estava proclamada a liberdade da Grécia.

As batalhas pela independência prosseguiram até 148 a.C. e a Macedônia foi transformada nesse ano em província romana. Dois anos mais tarde a Grécia teve o mesmo destino. As conquistas sucederam-se. Em 64 a.C. foi a vez do Império Selêucida, na Pérsia e, em 30 a.C., do Egito, último reino helenístico. Assim, o Império Romano tornou-se maior do que os anteriores.

ECLESIASTES, 8:9 – *"(...) Houve um tempo em que alguns tinham o poder e outros sofriam, dominados por eles (...)"*.

SURGE O DIREITO ROMANO – Suas colônias espalhadas pela Europa, Ásia e África eram dirigidas por um governador, obedeciam a Roma e pagavam impostos. Porém, podiam conservar usos, costumes e tradições. Para administrar esses domínios, os romanos criaram códigos, leis, regulamentos que foram as bases do direito público e privado. Esses brilhantes fundamentos legados ao Ocidente civilizado norteiam povos e instituições da atualidade.

Com as conquistas e consequentes influências recebidas dos vencidos, muita coisa mudou na maneira de ser, viver e sentir dos romanos. Os imperadores incentivaram o aprimoramento da arquitetura, deram grande impulso às construções, com novos estilos, embelezando ruas e praças com majestosos monumentos. O trabalho começou tímido, ao acaso, e acabou objeto de grande atenção por parte de governantes, arquitetos, artistas e artesãos. As maiores construções eram planejadas com base na utilidade que teriam e no atendimento da preferência popular. Graças a isso, surgiram os teatros, circos, anfiteatros, palácios de justiça, arcos de triunfo, aquedutos, pórticos, termas, etc. Como as províncias também eram beneficiadas com edificações semelhantes, muitas obras de arquitetura romana são encontradas em diversos países da Europa.

OS DEUSES DO UNIVERSO – Para abrigar as divindades cultuadas pelos povos subjugados, os romanos construíram o Panteão, templo destinado a receber "todos os deuses do Universo". Ali foi abrigada uma infinidade de deuses, divindades ou gênios. Entre os romanos, os gênios simbolizavam o aspecto espiritual de cada deus, lugar, grupo social ou indivíduo. Nasciam ao mesmo tempo que o ser ao qual estavam ligados e eram responsáveis pela proteção de todas as formas de atividades. Alguns acreditavam que o homem possuía dois gênios: o bom, que o incentivava para a prática do bem, e o mau, que o conduzia para comportamentos condenáveis.

Por meio das progressistas cidades da Magna Grécia, a civilização helênica, desde algum tempo, exercia influência sobre os povos da Península Itálica. Graças a isso, foi fácil para os deuses gregos chegarem a Roma. Receberam nomes latinos, uns foram mais cultuados que outros e os olímpicos, deuses comuns a todos os gregos, tornaram-se também romanos e receberam as seguintes denominações:

ZEUS	JÚPITER
HADES	PLUTÃO
POSEIDON	NETUNO
HEFESTOS	VULCANO
APOLO	APOLO
HERMES	MERCÚRIO
ARES	MARTE
DIONISO	BACO
HERA	JUNO
ATENA	MINERVA
DEMÉTER	CERES
AFRODITE	VÊNUS
ÁRTEMIS	DIANA
HÉSTIA	VESTA

Os romanos também adoravam divindades egípcias, como Ísis e Serápis, além das asiáticas Mitra e Cibele. Essa prática alterou as festas e cerimônias religiosas de Roma que, no início, eram dirigidas para adoração aos antepassados, ao fogo sagrado e às forças da Natureza.

Com o culto aos deuses magnos, deuses familiares, divindades para todos os fatos e situações, além dos gênios particulares, as manifestações complicaram-se de tal forma que Petrônio, escritor latino, disse: "Em Roma, existem mais deuses que homens".

GLADIADORES
Os que vão morrer te saúdam

Se as práticas religiosas dividiam a convicção dos romanos, o mesmo não ocorria em relação aos esportes, cujas preferências convergiam para a mesma direção. Entre eles, os Jogos Públicos eram promovidos, principalmente nos circos e anfiteatros, que existiam em todas as cidades.

As corridas de carros em bigas e quadrigas, que agradavam aos nobres e à plebe, realizavam-se nos circos. A pista era oval e deveria ser percorrida sete vezes pelos aurigas que, para escaparem da morte, precisavam demonstrar habilidade, audácia e coragem.

Os circos eram luxuosos, possuíam grandes arquibancadas e o mais importante foi o Circo Flamínio ou *Circus Maximum*. Media 635 metros de comprimento, 100 de largura e tinha lugar para 180 mil pessoas aproximadamente. O programa oficial da corrida de carros era desenvolvido em dois dias e o grande vulto de apostas gerou fraudes e corrupção.

Um atleta modelo – As distrações mais empolgantes estavam no anfiteatro. Lá eram realizados os combates de gladiadores e lutas contra feras. Indivíduos de todas

PODER PESSOAL

Embora sendo escravo, Espártaco tornou-se um líder entre os gladiadores do seu tempo. Portanto, essa qualidade independe de condição social.

Por estar muito em voga a abordagem de temas ligados à liderança, as empresas investem maciçamente na formação e reciclagem de líderes. Se alguns são "fabricados" para a função, outros existem, que nascem com características marcantes de liderança. Sem o menor esforço, emergem naturalmente da coletividade, transformam-se em guias, assumem responsabilidades, têm poder dentro do grupo e realizam grandes feitos.

Muitas vezes o chefe é respeitado pelo poder de que é investido, porém, o líder é respeitado pelas virtudes e exemplos que dele emanam. O líder é aquele que resolve os problemas que a maioria é incapaz de resolver. Ele possui poder pessoal e não circunstancial. Para onde for, seja qual for a função que desempenhe, sempre será ouvido, respeitado e seguido. O líder nato é entusiasta, empreendedor, realizador, exercendo a autêntica liderança pelo trabalho, por deter-se nas soluções e não nos problemas. E, principalmente, pela capacidade que ele possui de colocar-se no lugar dos demais e tratá-los como gostaria de ser tratado.

No esporte olímpico, dimensiona-se o papel do líder, seja ele capitão do time, treinador ou chefe de delegação. Dele, a atuação da equipe poderá resultar em sucesso ou fracasso. Nos momentos difíceis, caberá a ele exercer influência forte e positiva sobre o grupo, sabendo reverter uma situação desfavorável em caminho para a vitória.

No esporte o líder deverá pregar, acima de tudo, o *fair-play*, ou seja, o jogo limpo, para que o esporte possa ser efetivamente, um elemento socializador e promotor da paz e fraternidade.

as origens comprimiam-se para ver, em grande delírio, confrontos de vida ou morte. A arma usada com mais frequência era de lâmina curta e larga. Chamava-se gládio, daí os lutadores serem os gladiadores. Frequentavam escolas especiais de treinamento chamadas *ludus gladiatores*. Uma das maiores foi a Escola de Cápua, onde se originou a rebelião de escravos chefiada por Espártaco. Este foi aplaudido como um aos maiores gladiadores da sua época. Era considerado atleta modelo. Além de possuir inteligência privilegiada, caracterizava-se pela força física e coragem inabalável.

Muitos escravos escolhiam a carreira de gladiadores, almejando a liberdade. Se conseguissem sobreviver após três anos de arena, passavam a integrar a equipe administrativa da escola. Depois de dois anos de serviços satisfatórios, podiam tornar-se homens livres. A disciplina era rígida e quem a infringisse era açoitado, acorrentado ou marcado com ferro em brasa. Antes do espetáculo, os gladiadores colocavam-se solenemente diante da tribuna de honra e bradavam: *"Ave, Imperator, morituri te salutant"* (Salve, Imperador, os que vão morrer te saúdam).

Os combates podiam ser a pé ou a cavalo. Os contendores, além dos gládios, também apresentavam-se armados com espadas, facas e lanças. Com o tempo, surgiram nas competições pesadas redes, tridentes, bolas de metal presas em tiras de couro e manejadas com habilidade pelos combatentes. Quem tentasse fugir à luta era impelido a retornar, com golpes de ferro em brasa. Embora os vitoriosos recebessem elevadas somas em dinheiro, o prêmio mais ambicionado era a liberdade. O destino dos perdedores dependia da decisão do público. Polegares para cima era sinal de misericórdia. Polegares para baixo, representavam a morte imediata, na própria arena, porque um lutador vencido não tinha nenhum valor.

O principal objetivo dos governantes era distrair o povo com espetáculos grandiosos que se iniciavam pela manhã, estendendo-se por todo o dia. O imperador sempre estava presente e mandava distribuir aos espectadores guloseimas, vinho e surpresas.

JESUS CRISTO
MEIGA E DOCE FIGURA

Passada a turbulência das grandes conquistas, o mundo romano vivia um período de paz e prosperidade. Os homens, desligados da preocupação com guerra e política, procuravam satisfazer necessidades de ordem moral. As teorias de filósofos gregos como Pitágoras, Sócrates e Platão, relacionadas às leis da consciência, à diferença entre o bem e o mal e à existência de um deus superior, foram revistas, estudadas, porém elas eram acessíveis apenas às classes mais cultas. O povo continuava carente de conforto espiritual, e ficava cada dia mais pobre, mais faminto, enquanto os ricos enriqueciam cada vez mais.

Em meio a essa situação, certos homens que vinham da Judeia, parte da Palestina que fica entre o mar Morto e o Mediterrâneo, falavam aos humildes sobre a necessidade de fortalecer o espírito, acreditar na vida futura, amar o próximo e a Deus. Um novo alento dominou as pessoas e esse amor, que aqueceu o coração dos pobres, oprimidos e desesperados, recebeu o nome de cristianismo. Os cristãos multiplicaram-se e preocuparam os governantes.

Os romanos, que demonstraram tolerância com todos os cultos religiosos, foram severos com os cristãos, que insistiam em não reconhecer as divindades pagás, nem

Retrato de Jesus:

Em Roma, no arquivo do duque de Cesadini, foi encontrada uma carta de Públio Lentulus, legado da Galileia, do imperador romano Tibério César. Eis a carta que é um retrato fiel de Jesus:

"Existe nos nossos tempos um homem, o qual vive atualmente de grande virtudes, chamado Jesus, que pelo povo é considerado profeta da verdade e os seus discípulos dizem que é filho de Deus, criador do Céu e da Terra e de todas as coisas que nela se acham e que nela tenham estado; em verdade, cada dia se ouvem coisas maravilhosas desse Jesus: ressuscita os mortos, cura os enfermos; em uma só palavra: é um homem de justa estatura e é muito belo no aspecto. Há tanta majestade no rosto, que aqueles que o veem são forçados a amá-lo ou temê-lo. Tem os cabelos da cor da amêndoa bem madura, distendidos até às orelhas e das orelhas até às espáduas, são da cor da terra, porém mais reluzentes. Tem no meio da sua fronte uma linha separando os cabelos, na forma em uso nos nazarenos; o seu rosto é cheio, o aspecto é muito sereno, nenhuma ruga ou mancha se vê em sua face de uma cor moderada; o nariz e a boca são irrepreensíveis. A barba é espessa, mas semelhante aos cabelos, não muito longa, mas separada pelo meio; seu olhar é muito atraente e grave; tem os olhos graciosos e claros; o que surpreende é que resplandecem no seu rosto como os raios do Sol, porém, ninguém pode olhar fixo o seu semblante, porque quando resplende, apavora e quando ameniza faz chorar; faz-se amar e é alegre com gravidade. Diz-se que nunca ninguém o viu rir, mas, antes, chorar. Tem os braços e as mãos muito belos; na palestra contenta muito, mas o faz raramente e, quando dele alguém se aproxima, verifica que é muito modesto na presença e na pessoa. É o mais belo homem que se possa imaginar, muito semelhante à sua mãe, a qual é de uma rara beleza, não se tendo jamais visto, por estas partes, uma donzela tão bela... De letras, faz-se admirar de toda a cidade de Jerusalém; ele sabe todas as ciências e nunca estudou nada. Ele caminha descalço e sem coisa alguma na cabeça. Muitos se riem, vendo-o assim, porém em sua presença, falando com ele, tremem e o admiram. Dizem que um tal homem nunca fora ouvido por estas partes. Em verdade, segundo me dizem os hebreus, não se ouviram, jamais, tais conselhos, de grande doutrina, como ensina este Jesus; muitos judeus o têm como Divino e muitos me querelam, afirmando que é contra a lei de tua Majestade... Diz-se que este Jesus nunca fez mal a quem quer que seja, mas, ao contrário, aqueles que o conhecem e com ele têm convivido, afirmam ter dele recebido grandes benefícios e saúde.

Públio Lentulus

adorar os imperadores. Enquanto isso, os nobres romanos tornavam-se escravos, cada vez mais, do luxo, da ostentação, dos prazeres desenfreados e dos esportes violentos. O povo acompanhava as preferências esportivas de seus líderes.

Mudança de ideologia – Após dominarem a Grécia em 146 a.C., os romanos adquiriram o direito de disputar os Jogos Olímpicos. Além de o tempo ter-se encarregado de provocar muitas modificações no festival sagrado de Olímpia, da Grécia para Roma, ocorreu mudança de ideologia e de comportamento dos participantes. A principal condição para vencer uma prova não estava mais ligada a qualidades físicas superiores, nem à técnica apurada. Qualquer nobre desprovido de força e agilidade, mas possuidor de prestígio social, intimidava seus competidores e podia tornar-se campeão.

O melhor exemplo é fornecido pelo imperador Nero. Mudou o período dos Jogos da ducentésima décima primeira Olimpíada, a fim de que coincidissem com uma viagem que faria à Grécia. Competiu na corrida de carros, dirigindo uma quadriga puxada por dez cavalos. Apesar de ter caído várias vezes durante o percurso e não alcançar a linha de chegada, foi proclamado olimpiônico. Não havia outro concorrente. Autores registram que Nero decretou a proibição de qualquer inscrição além da sua. Outros asseguram que os demais aurigas desistiram quando o imperador anunciou que participaria da prova. Ficaram receosos de uma violenta represália caso batessem no seu carro durante a corrida.

A presença dos romanos foi marcada em Olímpia, principalmente, por construções que embelezaram a sede dos Jogos Olímpicos antigos.

PREFERÊNCIAS ESPORTIVAS
Não sabe ler nem nadar

A cada dia, os espetáculos sangrentos e as lutas tornavam-se mais violentos e causavam maior sensação. O povo lotava os anfiteatros que possuíam construção oval, com arquibancadas de muitos degraus, circundando uma arena cujas dimensões variavam de cidade para cidade.

O primeiro anfiteatro de pedra a ser construído tornou-se o mais famoso de todos e recebeu o nome de Anfiteatro Flaviano. Situado perto do Colosso de Nero, grande estátua daquele imperador, ficou conhecido como Coliseu, nome derivado de *colosseum*. Edificado em 80 d.C., foi inaugurado com cem dias de festas, durante as quais 5 mil animais foram sacrificados. Como os romanos admiravam, também, os espetáculos de batalhas navais, a arena do Coliseu era transformada em lago, para que esses eventos pudessem ser ali realizados. No Coliseu podiam ser acomodadas, aproximadamente, 55 mil pessoas, e as grandes escadarias de saída permitiam que os espectadores esvaziassem o local em cerca de três minutos.

Durante o império de Trajano (98-117 d.C.), foi promovido um festival que, em poucos dias, colocou em ação 10 mil gladiadores. Metade deles morreu.

Em geral, os gladiadores lutavam entre si, aos grupos e, com frequência, enfrentavam animais ferozes. Muitas vezes, as arenas dos anfiteatros eram transformadas em selva e serviam de palco para caçadas. Para atenderem ao extravagante gosto do povo, os imperadores não mediam esforços e lançavam mão de todos os recursos. Quando a perseguição aos cristãos tornou-se mais violenta, os governantes de Roma levaram os fiéis para os anfiteatros. Abandonados na pista, os seguidores da doutrina de Jesus eram devorados por tigres e leões que tinham permanecido vários dias sem receberem alimento.

Surgem os sindicatos – No século II da Era Cristã, o Império Romano atingiu o ponto máximo da sua expansão. Nessa época havia muitas agremiações sociais e recreativas, de âmbito apenas local. No reinado do imperador Adriano, que durou de 117 a 138 d.C., foram criadas duas organizações que desempenharam importante papel, porque abrangiam todo o território imperial. A que abrigava músicos e artistas recebeu o nome de sindicato de Dioniso. A outra, destinada a atletas profissionais, era denominada sindicato de Hércules. Os campeões dos Jogos Olímpicos filiavam-se a ele e assim percorriam diversas cidades, exibindo-se em festas locais, mediante boa remuneração.

O sindicato de Hércules atingiu o ponto mais alto da sua força e poder, no século II da Era Cristã, oportunidade em que as corridas rasas e os lançamentos de dardo ou disco provocavam zombaria dos espectadores. À medida que aumentava o desinteresse pelas provas puramente atléticas, o hipódromo transformava-se em palco de empolgantes lutas entre escravos e os esportes de ataque e defesa viram-se prestigiados.

Juvenal, poeta satírico desse período, apresentou em suas obras enérgica indignação contra os vícios do Império Romano e, em meio a um discurso, mencionou a máxima que o imortalizou: *Mens sana in corpore sano*. Dadas as circunstâncias em que o esporte vinha sendo praticado e a personalidade profundamente irônica de Juvenal, alguns autores mencionam que nunca se soube, realmente, o sentido que ele pretendeu dar a essas palavras.

Nos momentos áureos dos Jogos Olímpicos, os gregos costumavam dizer: "Não há maior glória para um homem, do que mostrar a ligeireza dos seus pés e a força dos seus braços".

As luxuosas termas – Para os romanos, o maior interesse estava voltado para os banhos e natação. Essa prática generalizou-se e as instalações aquáticas multiplicaram-se. Suas termas eram monumentos luxuosos que recebiam grande público e proporcionavam diversos tipos de entretenimento. Construídas, geralmente, perto de bosques, as mais sofisticadas possuíam ginásio, jardins, lojas, salas de esgrima, de leitura, local para conferências e apresentação de cantores. No setor aquático havia piscinas, instalações para banhos com água em diferentes temperaturas, banhos a vapor, salas de fricções, duchas e massagens.

As mais famosas foram as termas de Caracala, mandadas construir pelo imperador Caracala, que reinou de 211 a 217 d.C. Situadas em Roma, ocupavam 13 hectares e, somente as piscinas, tinham condições para abrigar mais de três mil banhistas.

Os romanos admiravam tanto a natação que, ao fazerem referência a alguém mal--educado, costumavam dizer: "É um indivíduo que não sabe ler nem nadar".

ESPORTES BÁSICOS

Embora a natação não tenha sido disputada nos jogos da Antiga Grécia, na Era Moderna, os esportes aquáticos integram a programação oficial desde a primeira Olimpíada.

Um fato merece ser destacado: atletismo e natação nunca saíram do programa desde o ano de 1896 e são disputados em datas não coincidentes, por atraírem grande público e serem considerados esportes básicos dos Jogos Olímpicos.

Quanto às termas de Caracala, que tanto sucesso fizeram na antiga sociedade romana, na atualidade abrigam expressivos eventos culturais e, em 1960, na Olimpíada de Roma, serviram de palco para as competições de ginástica artística.

EXTINÇÃO DOS JOGOS
DRAMA DE CONSCIÊNCIA

Para os antigos gregos, a saúde caminhava lado a lado com o esporte, da mesma forma que a prática esportiva estava associada ao enobrecimento espiritual. A superioridade física era fundamental.

Com a popularização das modalidades mais agressivas, as maiores honras passaram a ser conferidas ao pugilista, pancratista ou ao vitorioso na corrida de carros. Os gregos davam aos festivais esportivos um caráter sagrado: os atletas eram respeitados e os deuses, temidos. Para os romanos, os Jogos Olímpicos, que representaram inicialmente uma atividade ociosa, transformaram-se em espetáculo violento.

Se os gregos gostavam de participar, os romanos preferiam assistir e o esporte, nos tempos da supremacia de Roma, foi imortalizado pela criatividade, talento e grande perícia dos arquitetos. O "Circus Maximus" e o Coliseu de Roma representaram duas das maiores obras da arquitetura esportiva de todas as épocas. Além do que, o traçado que os caracterizou inspirou o formato oval ou redondo dos atuais estádios.

No século III da Era Cristã, as províncias romanas foram invadidas em vários pontos, o poderio militar enfraqueceu e o império foi dividido em Ocidental (Itália e África) e Oriental (Egito e Oriente Médio).

SEM REPUDIAR A CRENÇA – A perseguição aos discípulos de Cristo prosseguia em moldes mais violentos. Sem que houvesse respeito pela idade ou sexo, os cristãos tornaram-se protagonistas de espetáculos deprimentes. Além de serem atirados às feras, eram queimados vivos, torturados ou crucificados. O povo assistia a essas manifestações com muita alegria e entusiasmo. Mas os corajosos cristãos enfrentavam a morte com serenidade. Não se retratavam perante os poderosos, nem repudiavam a crença.

A LUZ DO MUNDO

A coragem ocorria, porque, para os cristãos, Jesus é a luz do mundo, o pão da vida! Eles acreditavam e acreditam que Sua presença serena, ao longo dos séculos, continua pairando sobre a humanidade. Seu harmonioso canto de paz e perdão significa roteiro seguro de felicidade para os cristãos.

De início, as conversões ocorreram em maior escala entre os helenos. Por isso, o grego foi durante muito tempo o idioma usado para a divulgação da doutrina de Jesus. Da Grécia, o movimento chegou a Roma, espalhou-se primeiro entre os pobres e infiltrou-se a seguir nas classes mais privilegiadas.

O imperador Constantino I, "O Grande", em 313, percebendo a força que os cristãos representavam, através do Édito de Milão, garantiu-lhes liberdade de culto. O reconhecimento oficial do cristianismo foi uma das decisões de Constantino I que ajudaram a mudar a feição do Império Romano e do mundo. Graças ao édito, pagãos e cristãos passaram a ter os mesmos direitos e privilégios, inclusive no concernente à admissão em cargos públicos.

Esse foi um período em que esportistas e guerreiros trocaram a dedicação aos árduos treinamentos pelos fáceis prazeres. Entregavam-se a opulentos banquetes, onde havia fartura de comida, de vinhos e que, graças às danças sensuais, acabavam por se transformar em bacanais.

ISAÍAS, 28:7 – *"Mas também estes erram por causa do vinho e com a bebida forte se desencaminham (...)"*.

Enquanto ocorriam essas mudanças na maneira de ser dos povos, em Olímpia, a cada quatro anos, reuniam-se os mais famosos atletas da África, Sicília, Ásia etc., para disputarem os Jogos Olímpicos. Depois de um longo período as competições deterioraram-se de tal forma que a extinção ocorreria inevitavelmente.

Em 369 da Era Cristã, durante a realização dos últimos Jogos Olímpicos da Antiguidade, aconteceu a maior afronta aos ideais gregos. No pugilato, a vitória coube a um bárbaro, o príncipe herdeiro Varasdaskis, depois rei da Armênia.

EXTINÇÃO DO FESTIVAL SAGRADO – Foi somente 24 anos mais tarde, após 12 séculos de realização, que as competições sagradas foram abolidas em definitivo. E, por incrível que possa parecer, o motivo da extinção foi o drama de consciência de um rei.

Em 390, em Tessalônica, dez mil gregos queriam a liberdade. Teodósio, imperador de Roma, mandou que seu exército exterminasse a todos. Depois desse assassinato em massa, ele foi acometido de grave enfermidade. Em desespero recorreu a Ambrósio, bispo de Milão, pedindo-lhe boa saúde e paz. Recebeu a sugestão de se converter ao cristianismo. Teodósio assim fez e sarou. Em reconhecimento, afirmou que atenderia a todas as solicitações do bispo e este pediu-lhe o fim das festas pagãs. Naquela época, os Jogos Olímpicos nada mais eram que manifestações dessa espécie, sem as características ideológicas que os levaram ao apogeu.

Em 393 da era cristã, Teodósio I, "O Grande", aboliu oficialmente o festival que representou uma das mais extraordinárias contribuições da Grécia para a história.

Com a invasão dos bárbaros os combates sucederam-se. Olímpia foi saqueada e suas edificações destruídas. Retiradas dos pedestais, as estátuas eram fundidas para reaproveitamento do bronze.

Em 426, Teodósio II mandou incendiar os templos dos deuses pagãos. Depois disso, Olímpia foi abandonada. Cem anos mais tarde, terremotos fizeram desmoronar suas ruínas. As enchentes dos rios Alfeu e Cladeu enterraram os últimos vestígios da sede de todos os Jogos Olímpicos da Antiguidade.

Durante mais de mil anos, o local ficou envolto em mistério e guardado pelo silêncio.

CONCLUSÃO
O BRILHO DE UMA CIVILIZAÇÃO

A magia da Grécia, sem dúvida, sempre fascinou os arqueólogos. A prosa ou verso dos escritores e poetas, as máximas dos filósofos, as informações dos historiadores, os conceitos médicos, as figuras criadas pelos grandes mestres da escultura grega eram fascinantes, mas não suficientes. Era necessário mais que isso.

Talvez, a mais valiosa peça do fantástico quebra-cabeça estivesse oculta. Precisava ser encontrada para promover o coroamento de uma ampla, diversificada e paciente pesquisa, que estudiosos de diferentes áreas vinham desenvolvendo há muito tempo.

Por certo, um trabalho meticuloso, firme e bem estruturado, teria êxito e poderia mostrar ao mundo o brilho de uma das maiores civilizações de todas as épocas.

O arqueólogo Richard Chandler e sua equipe, em 1776, descobriram as primeiras ruínas de Olímpia. A partir de 1875, o governo alemão financiou profundos trabalhos de escavação dirigidos por Ernest Curtius. Após seis anos de pesquisas contínuas, os majestosos templos foram desvelados.

Sem o denso véu com o qual o Universo cobrira Olímpia, foi possível construir uma completa maquete do local. Os especialistas, então, fizeram ressurgir a beleza do vale sagrado e assim pôde ser apreciado o cenário onde foram apresentados, durante doze séculos, espetáculos de fé, coragem, agilidade e sabedoria.

Olímpia voltou a ser o lugar mágico onde, há quase três mil anos, na busca da fraternidade e da paz, homens e deuses encontravam-se para reverenciarem-se mutuamente, promoverem a beleza física por meio do esporte, buscarem o engrandecimento espiritual e divulgarem o mundo mítico, pela criatividade dos grandes artistas.

Graças à religiosidade e sabedoria, os gregos instituíram os Jogos Olímpicos e, com eles, conseguiram escrever o mais belo capítulo esportivo da Antiguidade.

ESPÍRITO OLÍMPICO
UM ESPORTIVO ABRAÇO

Embora os jogos realizados em Olímpia tenham sido extintos, o espírito olímpico, que uniu homens e deuses na Grécia Antiga, permaneceu vivo através dos séculos. E, por ser espírito e ser imortal, renasceu com nova roupagem.

Em um congresso realizado em junho de 1894, na Sorbonne, Universidade de Paris, os Jogos Olímpicos foram reinstituídos graças ao empenho do pedagogo e humanista francês Pierre de Coubertin. Nos primeiros anos de vida, o movimento olímpico foi encarado com desconfiança, mas conseguiu sobreviver apesar de ter enfrentado obstáculos, descrédito e duas guerras mundiais. E, a exemplo do que ocorrera na Antiguidade Clássica, com o passar dos anos, os Jogos Olímpicos transformaram-se em um espetáculo de grande esplendor.

Do misticismo da Antiguidade, ao realismo da Era Moderna, um traço é comum e inquestionável – a consagração do herói. No movimento olímpico, o heroísmo sempre esteve presente, foi enaltecido e premiado. Entre o primeiro e o último vencedor olímpico, ocorreu evolução do homem e dos esportes. E os Jogos Olímpicos confirmam, periodicamente, que o ser humano poderá sempre reduzir suas limitações, ultrapassar barreiras e estabelecer novas marcas.

Os Jogos Olímpicos representam um desafio permanente à resistência humana e constituem uma combinação de eventos esportivos com cerimônias de características universais, que transcendem nacionalidade e cultura.   São esses os fatores responsáveis pelo êxito sempre crescente das Olimpíadas da Era Moderna e o motivo pelo qual muitos atletas passaram para a história, alcançando a imortalidade.

A partir de 1896, as competições olímpicas reúnem a juventude e os adultos de muitos países, a cada quatro anos, em um esportivo abraço, sem restrição de raça, religião, classe social e riqueza.

Sempre o Espírito Olímpico...

Espírito...

Imortal...

"O caminho da Olimpíada não leva a nenhuma cidade ou país determinado. Ele leva, ao final, ao que temos de melhor em nós mesmos."

Jesse Owens – Herói da Olimpíada de Berlim – 1936.

BIBLIOGRAFIA

AZEVEDO, F. de *Antinous: estudo de cultura*. São Paulo, Weiszflog, 1920. 95 p.

BERLIOUX, Monique. Olympia. In: ____, *Olympica*. Paris, Flammarion, 1964. pg. 5 - 22.

BETETO, H. Atenas. In: ____, *História antiga e medieva*. São Paulo, Equipe Vestibulares, 1969. Caderno 6, pg. 101-120. Apostila.

BETETO, H. Atenas – Esparta. In: ____, *História antiga e medieval*. São Paulo, Equipe Vestibulares, 1969. Caderno 4, pg. 61-80. Apostila.

BETETO, H. Esparta. A diarquia. A gerusia. O eforado. A assembleia ou apella.

Atenas no século V a.C.. In: ____. *História antiga e medieval*. São Paulo,Equipe Vestibulares, 1969. Caderno 5, pg. 81-100. Apostila.

BETETO, H. *Evolução da cidade-estado grega*. São Paulo, Vestibulares Santa Inês, s. d. 44 pg. (Humanística) Apostila.

BETETO, H. A evolução da cidade-estado grega. In: ____. História antiga e medieval. São Paulo, Equipe Vestibulares, 1969. Caderno 6. Apostila.

BOUTROS, Labib. *Precisiones sobre el origen de los juegos antiguos*. Revista Olímpica. Lausanne, n. 162, pg. 243-244, abr. 1981.

CIVITA, Victor (Editor) *Dicionário de Mitologia greco-romana*. 2ª ed. São Paulo, Abril Cultural, 1976, 196 pg.

COMMELIN, P. *Nova mitologia grega e romana*. 9ª ed. Rio de Janeiro, Briguiet, 1955. 415 pg.

COSTELLE, Daniel & BERLIOUX, Monique. *Histoire des jeux olympiques*. Paris, Larousse, 1980. pg. 1-15.

DURÁNTEZ CORRAL, Conrado. *Los juegos olímpicos antiguos*. Madri, Ibarra, 1965. 223 pg. (Publicaciones del Comité Olimpico Español).

DURÁNTEZ CORRAL, C. *Olimpia y los juegos olimpicos antiguos*. Madri, comité Olimpico Español, 1975, t. 1, 249 pg.

ENCYCLOPEDIA e diccionario internacional. Lisboa, Jackson, s.d. v.8 p. 4424.

FALLU Élie; GUIMOND, Lucien; GAZEILLE, Madeleine; CLOUTIER-TRICHU, Lise. *Les Jeux Olympiques dans l'Antiquité*. Montreal, Ed.Paulines, 1976, 141p.

GACARIANNOGÖULOÜ-GALAIOÜ, A. A. *Olímpia*. Athens. Ed. Promote; International Arts, 1968. 47 pg.

GODOY, Lauret A. de. *Jogos olímpicos da Grécia: o mais belo capítulo esportivo da Antigüidade*. Rio de Janeiro, COB, 1983, 32 pg.

GOÖCK, Roland. O apogeu da cultura europeia: Acrópole. In: ____. *Maravilhas do mundo*. São Paulo, Círculo do Livro, 1975. pg. 132-135.

GOÖCK, Roland. As maravilhas da Antigüidade. In: ____ Maravilhas do Mundo . São Paulo, Círculo do Livro, 1975. pg. 17.

HENRY, Bill. Los juegos olímpicos de la Antiguedad. In: ____, *História de los juegos olímpicos*. Barcelona, Ed. Hispano-Europa, 1955. cap. 2, pg. 12-23 (Colección Herakles, Série II: Historia de los Deportes).

IMITANDO os deuses. *Veja*, São Paulo, 31 de jul. 1976. Esportes, pg. 83-85.

KIKNADZE, Alexandr. *Viento del Olimpo*. Moscú, Ed. Novosti, 1980. pg.1-25.

MATTOSO, A. G. Antigüidade. In: ____, *História da civilização*. 5. Ed. Lisboa, Livr. Sá da Costa, 1956. pg.215-563.

MEUNIER M. *A legenda dourada: a nova mitologia clássica*. São Paulo, IBRASA, 1945.

MITOLOGIA, São Paulo,Abril Cultural,s.d. v.1,272; v.2, p.273-544; v.3, p.545-800.

MOREIL, André. *Vida e obra de Allan Kardec*. São Paulo, Edicel, 1977. 241 pg. (Coleção Vidas Missionárias, 1).

OLÍMPIA: el hogar *del nacimiento y de la celebración de los juegos olímpicos,* 776 aC. - 393 d.C. Athens, Promote, 1968. 47 pg.

KOOGAN LAROUSSE, *Pequeno Dicionário enciclopédico*. Rio de Janeiro, Ed. Larousse do Brasil, 1979. 1635 pg.

PETIT LAROUSSE: dictionnaire encyclopédique pour tous, Larrousse, 1961. 1795p

PHILINOS: o caminho do sucesso. *Desportos: noticiário especializado*. Rio de Janeiro, v.I, n.1, pg 15, jun./jul. 1975.

PROMACHOS: O LUTADOR. *Desportos: noticiário especializado,* Rio de Janeiro, v.1, n.2, pg 15, set./out. 1975.

R. NETO, Américo. *Jogos Olímpicos de ontem, de hoje e de amanhã: estudo histórico, técnico e social.* São Paulo, Spes, 1937. 180 pg.

RAMOS, J.J. *Os exercícios físicos na história e na arte: do homem primitivo aos nossos dias.* São Paulo, IBRASA, 1983. 348 pg.

SALIS, Viktor. *Mitologia grega.* Curso ministrado no Instituto Educacional Ateniense, São Paulo, 1992.

SCHERMANN, Adolfo. *Evolução dos desportos através dos tempos* 2, Ed. Rio de Janeiro , Pongetti, 1958. 127 pg.

SILVA, M.L. Etruscos e romanos. In: _____ *História das civilizações: da pré-histótória à era espacial.* Lisboa, presença, s.d. v.4, 78 pg.

SOUTO MAIOR, A.*História Geral.* 6, São Pulo, Companhia Editora Nacional, 1968, pg 86, 285 pg.

VANKER, Raymond. *Les cahiers de l'histoire special olimpiades: de la Mytholo - gie à nos jours... .* Paris, SEDIP, s. d. 122 pg.